칸트의 『판단력비판』 읽기

세창명저산책_002

칸트의 『판단력비판』 읽기

초판 1쇄 발행 2012년 7월 26일
초판 2쇄 발행 2021년 11월 15일
—

지은이 김광명
펴낸이 이방원
기획위원 원당희
편 집 김명희·안효희·정조연·정우경·송원빈·조상희
디자인 손경화·박혜옥·양혜진 **영 업** 최성수 **마케팅** 김 준
—

펴낸곳 세창미디어

신고번호 제2013-000003호 **주소** 03736 서울시 서대문구 경기대로 58 경기빌딩 602호

전화 723-8660 **팩스** 720-4579 **이메일** edit@sechangpub.co.kr **홈페이지** http://www.sechangpub.co.kr

블로그 blog.naver.com/scpc1992 **페이스북** fb.me/Sechangofficial **인스타그램** @sechang_official
—

ISBN 978-89-5586-151-8 04100

978-89-5586-142-6 (세트)

이 도서의 국립중앙도서관 출판예정도서목록(CIP)은 서지정보유통지원시스템 홈페이지(http://seoji.nl.go.kr)와
국가자료종합목록 구축시스템(http://kolis-net.nl.go.kr)에서 이용하실 수 있습니다.(CIP제어번호 : CIP2012003321)

세창명저산책_002

김광명 지음

칸트의 『판단력비판』 읽기

세창미디어
MEDIA

머리말

칸트는 프랑스 혁명과 같은 시대를 산 사람으로 그 이전의 서유럽 근세철학의 전통을 비판적으로 종합하고, 그 이후의 철학발전에 새로운 기초를 놓은 학자로서 그의 철학적 사색과 방법이 후세에 끼친 영향은 지대하며, 근세 철학 사상가들 가운데 가장 중요한 인물의 한 사람으로 꼽히고 있다. 그런 뜻에서 그 깊이는 다함이 없는 샘물과 같은 학자이다.

칸트의 사후, 지난 200여 년 동안 세계 여러 나라의 셀 수 없이 많은 학자들이 칸트의 철학을 연구해오고 있다. 그럼에도 근대 이후 오늘에 이르기까지 철학의 과제를 한마디로 줄여 말한다면, 아마도 "칸트를 통해 칸트를 넘어서는 일 durch Kant, über Kant"이라고 감히 말할 수 있을 것이다. 칸트가 제기한 비판주의 철학을 계승한 신新칸트학파의 주장대로 "칸트로 돌아가라"고 지금 이 시점에서 무조건 외칠 수는 없는 노릇이지만, 변하는 가운데 변하지 않는 것을, 그리고 변하지 않는 가운데 변하는 것을 함께 모색하는 철학자의 혜안慧眼을 그에게서 엿볼 수 있다. 특히 필자로서는 미학을 통해 그의 철학적 사유의 체계적 완성과 그 전개 과정을 들여다보면서, 오늘날과 같은 문화의 다양성 속에서도 더욱이 200여 년이 지난 지금에도 그의 목소리가 상당 부분 여전히 설득력이 있음을 부인할 수 없음을 느끼면서, 그의 철학함의 근본을 떠올리게 된다.

그의 비판철학을 체계적으로 완성한 『판단력비판』(1790) 출간 이후 200년이 되는 해를 기념하면서, 1992년에 필자 나름대로 사색하고 고민한 내용의 결과물을, 가능한 한 그의 철학체계 안에서 논구하여 『칸트 판단력비판 연구』(이론과 실천, 1992, 재출간은 철학과 현실사, 2006)라는 이름으로 이미 세상에 내놓은 바 있다. 그리고 『칸트 판단력비판 연구』를 토대로 미학의 지평을 넓혀 내놓은 것이 『칸트미학의 이해』(철학과 현실사, 2006)이다.

『칸트의 판단력비판 읽기』는 앞의 두 저서에 근거를 두면서도 가능한 한 칸트원전에 대한 충실한 읽기의 시도로서 쓰여진 것이다. 칸트의 철학은 방법론상으로는 비판철학이라 하겠지만, 그 내용에 있어서는 인간학이라고 불러도 좋을 것이다. 그런 만큼 '인간이란 무엇인가' 나아가 '인간심성이란 무엇인가'로 귀결되는 인간학적 탐구와 구상이 그가 제기해 놓은 문제 곳곳에 진하게 스며들어 있다. 그의 이성비판은 우리가 잘 아는 바대로 '인간이성의 가능성과 한계에 대한 탐구'가 그 기조를 이룬다. 인간은 이성적 존재이지만 아울러 그 한계도 지니고 있다는 칸트의 적절한 지적은 우리로 하여금 지적 겸허함과 성실성을 깨닫도록 가르쳐 준다. 특히 적극적인 의미의 가능성과 소극적인 의미의 한계라는 양면은 지금까지 필자에게 늘 떠나지 않는 문제의 지평으로 남아 있다.

칸트의 비판서들 중에 우리나라에 비교적 적게 소개된 부분이 『판단력비판』이다. 따라서 거기에 담겨 있는 그의 미학사상의 중요한 내용을 다루고 있는 『칸트의 판단력비판 읽기』의 출간은 그 의의가 퍽 크다고 하겠다. 독자와의 거리를 좁히기 위한 노력을 기울이긴 했으나, 그럼에도 철학에 대한 어느 정도의 소양을 지닌 독자들에게도 쉽지 않을 텍스트이기 때문에 필자로서는 많은 걱정이 앞선다. 하지만 일찍이 프리드리히 실러가 고백한 바와 같이, 호흡을 가다듬고 천천히 읽다보면 결코 오르지 못할 산은 아니라고 생각되어 위로를 삼는다.

　아무튼 칸트가 제기한 문제의식을 갖고서 철학적 모색을 하려고 필자 나름으로는 꾸준히 애써 왔으나 이는 아직도 미완의 진행형이라 할 것이요, 암중모색herumtappen의 단계에 머물러 있다. 이는 아마도 영원히 미완일는지도 모른다. 비록 미완이지만, 칸트의 철학함을 통해 우리의 철학함philosophieren을 들여다보고, 더욱이 저마다의 철학함의 근본적인 자세를 되새겨 보길 권하고 싶다. 또한, 가능하다면 칸트의 철학함에 바탕한 그의 미학이론을 실제로 예술현상의 장場에 그 적용가능성을 검토해 봄으로써, 현장감 있는 미학이론으로 거듭나길 기대해 본다.

2012년 늦봄에
상도동 연구실에서
김 광 명

| CONTENTS |

I

칸트 철학 체계와의 연관 속에서 본
『판단력비판』[1]

1. 『판단력비판』의 위치

『판단력비판』 읽기는 『판단력비판』의 중심 사상에 대한 바른 이해와 해석이다. 우선 이 작업은 칸트의 체계 안에서 이루어져야 하며, 그다음에 체계 밖과의 연관으로 확장되어야 한다. 우리는 칸트의 『판단력비판』 전반에 흐르고 있는 사상을 흔히 칸트 미학 사상이라 말한다. 신新칸트학파 중 마르부르크학파를 창립한 학자들 가운데 한 사람인 헤르만 코엔Herman Cohen(1842-1918)이 적절하게 언급한 바와 같이, 칸트 미학에 대한 논의는 늘 독일 정신사의 중심부에 자리해 왔거니와 나아가 근대를 체계적으로 완성하고 현대의 지평을 여는 계기가 되었다. 칸트의 사상이야말로 17-18세기의 다양한 사상을 한데로 모은 거대한 호수였으며, 그로부터 19세기와 20세기 및 21세기의 물줄기가 흘러나왔다고 해도 과언이 아니다. 왜 그런 평가를 내릴 수 있는가? 이를테면, 모더니즘과 추상표현주의 예술비평가인 그린버그Clement Greenberg(1909-1994)는 칸트를 가리켜 모더니즘의 선구로 보고 있다. 또한 대표적인 칸트 이론가들인 가이어Paul Guyer(1948-), 바이들러Paul G. Beidler, 리오타르Jean- François, Lyotard(1924-1998), 크라우더Paul Crowther(1953-)와 같은 이들은 포스트모더니즘의 선구로 삼는 것을 보면 이와 같은 지적은 적절하고 타당해 보인다. 한 인물이 어떤 의미에서 연속선상에 있으면서 동시에 서로 상반되고 모순되는 두 사상의 원조가 되고 있다는 사실은 우리에겐 패러독스로 보인다. 이 패러독스는 어쩌면 근대와 현대가 운명적으로 서로 갈리면서도 함께 공유하고 보완하지 않으면 안 되는 부분이기도 하다.

주지하는 바와 같이, 칸트는 자신의 미학이론을 펼쳐 놓은 『판단력비판』(1790)의 출간과 더불어 마침내 3부작으로 이루어진 비판철학의 전 체계를 완성한다. 자연율에 대한 개념의 타당성에 관한 논의는 제1비판서인 『순수이성비판』(1781)에서, 도덕률의 궁극 목적에 대한 논의는 제2비판서인 『실천이성비판』(1788)

에서, 그리고 자연율과 도덕률 양자의 관계 및 합일점의 모색에 관해서는 제3비판서에서 다룬다. 따라서 『판단력비판』에 대한 검토와 이해 없이는 그의 비판철학 전체를 체계적으로 이해했다고 말할 수 없을 것이다.

그럴 때에만 칸트 사상 전체에 담긴 인간의 근원적인 심성과 태도에 대한 깊은 이해가 가능할 것이다. 이는 흔히 말하듯, 칸트의 사상은 방법론적으로는 비판철학이지만, 그 내용면에서는 인간학이기 때문이다.

『판단력비판』은 칸트의 다른 두 비판서들에 비해 우리나라 학계에 비교적 적게 소개된 부분이다.[2] 다행스럽게도 최근에 들어와 문화예술에 대한 관심이 높아지고, 이에 따라 그 이론적 바탕이 되는 미학 및 예술문화 일반에 대한 철학적 성찰의 필요성도 아울러 증대되고 있는 실정이다. 이는 필연적으로 인간 심성 전체에 대한 지속적인 관심과 더불어 보다 나은 삶의 질을 추구하려는 문제와 직결된다. 칸트의 주된 관심은 미의 본질이 무엇인가를 과거의 형이상학적 전통을 따라 밝히는 데 있다기보다는 오히려 현실적으로 미를 판정하고 향유하는 능력, 즉 취미 판단을 다루는 데 있다. 이런 관점은 매우 탁월한 생각이라 여겨진다. 가령 '이 꽃은 아름답다'라고 했을 때, 우리는 아름다움의 본질에 대한 관심보다는 현실적으로 아름답다는 판단에 더 귀를 기울인다. 이러한 진술이 단순히 개인적인 판단에 머무르는 것이 아니라, 누구에게나 타당한 보편적인 근거를 어떻게 가질 수 있는가 하는 문제로 확장된다. 이와 관련하여 칸트가 제기한 미적 쾌란 '누구나 동의할 수 있는 쾌'[3]로서 보편적으로 소통 가능한 심성 상태에 근거한다. 이는 구상력構想力과 오성悟性의 인식 능력이 자유롭게 상호 작용하는 관계에서 나온다. 또한 취미 판단의 주관적 원리인 공통감共通感의 이론은 전달 가능성의 문제로 이어지는바, 말하자면 오늘날 공감과 소통을 전제로 하는 의사소통 이론의 모범이 된다고 하겠다. 미의 완성을 통해 도덕으로의 이행을 강조하는 칸트의 주장은, 물론 이론이성에 대한 실천이성의 우위와도 관련되지만, 무엇보다도 인간 심성의 고양을 전제로 한 미의 파악에 있다.

여기서 우리는 제3비판의 여러 문제점들을 구성하는 요소들이 경험의 가능적 조건 아래에서도 비판적 원리를 따르면서 경험적 자연과학을 위해 구성적일 수 있는가라는 문제를 제기해 볼 수 있다.[4] 이는 상호 보완의 관계에서 풀어야 할 문제이다. 어쨌든 중심 문제는 판단력을 도입함으로써 자연과 자유 사이에 놓인 틈을 어떻게 메우며, 나아가 그 틈을 없앨 수 있는가이다. 이렇듯 『판단력비판』은 자신의 전체 철학 체계와 유기적인 연관을 맺으면서 건축술적 완성을 꾀하려는 시도에서 나온 것이다. 이러한 칸트의 시도는 그 자신의 독창적인 성찰이라기보다는 근대적 사고라는 시대적 배경에 대한 철저한 탐구에서 나왔다고 보아야 할 것이다. 다만 그의 용의주도한 건축술과 체계성은 미리 계획된 것으로, 이른바 비판 이전의 시기에 이미 짜여졌다고 하겠다.[5] 그의 주도면밀함은 이른바 비판전기, 비판기, 그리고 비판후기의 저술 간의 체계적 연결을 보면 더욱 뚜렷하다.

'판단력'을 칸트 철학의 체계 안에서 조망해 보는 일은 무엇보다도 건축술적인 칸트의 철학 체계를 온전하게 이해하기 위해서 반드시 필요한 일임은 이미 강조한 바와 같다. 칸트 인식론의 요체는 감성계와 오성계라는 두 세계를 필연적으로 그리고 논리적으로 어떻게 결합하느냐에 달려 있다. 이런 결합을 위해 '판단력'의 도입은 의의를 갖는다. '판단력'은 오성 및 이성과 더불어 고급 인식 능력에 속한다.[6] 오성 일반을 개념을 구성하는 규칙의 능력이라고 한다면, 판단력은 규칙 아래에 포섭하는 능력이다. 오성이 형식적 규칙을 제시한다면, 판단력은 구체적인 사례에 직접 참여한다(*KrV*, 171). 특히 칸트는 『판단력비판』의 서론에서 두 세계의 융합 내지는 화해를 위한 필요성을 강조한다. 사실상 자연의 영역과 자유의 영역 사이에는 서로 해후할 수 없는 심연이 가로놓여 있어 외관상 이 양자 간에는 가능한 통로가 전혀 없어 보인다. 칸트는 이처럼 통행할 수 없는 두 영역 사이에 다리를 놓으면서 그 연결 관계를 매우 미묘하게 유지하고 있다.[7]

『판단력비판』의 서론에서 칸트는 철학의 구분에 관하여 논한다. 우리는 서론을 크게 세 부분으로 나누어 볼 수 있다. 제1부(I-III)에서는 『판단력비판』이 다른 두 비판서들과 맺고 있는 관계가 다루어지고, 제2부(IV-VIII)에서는 특히 반성적 판단력의 특성과 형식적 합목적성 및 실질적 합목적성의 관계가 다루어진다. 제3부(IX)에서는 비판적으로 근거지어진 반성적 판단력의 능력이 순수 오성 이외에도 실천철학의 순수 이론 이성을 가능케 한다는 사실뿐만 아니라 이 양자를 결합하는 방식을 다루고 있다. 여기서 철학의 두 부분을 하나의 전체로 결합시켜 주는 매개로서의 판단력, 특히 반성적 판단력이 등장하게 되고, 이것이야말로 칸트 철학에 생동감을 주는, '미학으로의 전환'[8]을 알리는 서곡이 아닐 수 없다. 이러한 전환을 통해 그의 사상에 종종 가해지는 형식적이고 무미건조하다는 비난을 어느 정도 불식시키며,

동시에 역동성을 보여줄 수 있을 것으로 생각된다. 18세기 중반 이후 철학적 미학은 세계를 이해하기 위해 예술을 설명하고, 인간을 이해하기 위해 예술가를 해명하기 시작한다. 미학으로의 전환을 통해 비합리적인 것을 저급하게 여겼던 철학은 적극적으로 비합리적인 것을 해명하게 되고 이성으로부터의 전통적인 속박을 부인하며 그 독자적인 인식의 역할을 인정하게 된다.

원래 칸트에게서 인식 능력들의 비판이란 이 능력이 선천적으로[9] 수행할 수 있는 일이 무엇인가를 묻고, 그 한계와 가능성을 아울러 지적하는 것이다. 모든 선천적, 이론적 인식을 위한 근거를 내포하고 있는 자연 개념들은 오성의 입법 능력 위에 기초를 둔 것이다. 감성적으로 제약되지 않은 모든 선천적, 실천적 준칙을 위한 근거를 내포하고 있는 자유 개념들은 이성의 입법 능력 위에서만 가능하다. 이 양 입법은 철학을 이론철학과 실천철학으로 정당하게 구분해준다. 오성과 이성이라는 상급의 인식 능력의 계보 안에는 하나의 중간항이 있는바, 이것이 곧 판단력이다. 철학의 두 부분을 하나의 전체로 매개하고 결합하는 중간항으로서의 '판단력'의 가능성과 한계에 대한 탐구가 어떻게 체계적으로 가능한가라는 물음은 선천적 능력으로서의 반성적 판단력이 수행하는 특수한 업적으로부터 비롯된다.[10] 이제

이러한 논의를 위한 역사적 배경이 무엇인가를 먼저 살펴보기로 한다.

2. 칸트 논의의 역사적 배경

순수 예술에 관한 직접지直接知 및 취미론에 관한 저술인 『판단력비판』의 전반부는 합리주의 미학과 경험주의 미학 간에 서로 대립되거나 어긋나는 논점들을 화해시키려는 의도로서 기술되고 있다. 경험주의자들과는 달리 합리주의자들은 미학에 관한 직접적인 언급을 거의 하지 않았다. 대표적인 합리주의자인 데카르트R. Descartes(1596-1650) 자신도 미학의 주제에 대해서 직접적으로 아무것도 쓴 적이 없다고 하였으나 그의 방법과 형이상학은 그 후 1세기 이상 미학의 흐름을 지배했다고 해도 과언이 아니다. 데카르트는 진리를 도출하기 위해 여러 개념들이 명석하고 판명하게 분석되어야 한다고 주장한다. '명석함'은 사려 깊은 마음으로 보아 명백하다는 의미이고, '판명함'은 그 자체 내에 명확한 것을 지니며 여타의 대상들과 구별되는 정밀한 개념을 의미한다.[1] 예를 들면, 고통이란 그 근원이 판명하지는 않지만 아마도 명확한 지각일 것이다. 그런데 감정은 이성의 한 부속물인 까닭에, 아름다운 것이란 이성으로부터 완전히 분리되어 있는 것이 아니다. 미적 감정은 감관적인 진리의 한 영역에 속하기 때문에 판명하지 않고 혼돈되어 있다. 그럼에도 그것은 명석하다. 데카르트의 미학은 자연과 이성이 동일하다고 가정하여 자연현상, 즉 과학을 지배하는 규칙이 순수 예술도 지배한다는 입장을 취한다.[12]

여러 예술에 격률로 받아들여지고 있는 하나의 원칙은 시 및 순수 예술이 '자연을 모방한다'라는 사실이다. 자연은 그 자체가 유類와 종種으로 나누어져 있다. 즉 자연에는 우리가 알 수 있는 유와 종의 상관관계 및 종속 관계가 얽혀 있다. 이를테면, 유는 각각 하나의 공통 원리에 따라 상호 접근하며, 하나의 유에서 다른 유로의 이행이 가능하고, 또한 그로 인해 보다 높은 유로의 이행이 가능하다.[13] 예술가는, 마치 과학자가 모든 현상을 예외 없이 망라하는 일반 법칙을 세우듯이, 자연의 가장 완벽하고 전형적인 정조情調로서 자연을 모방한다. 그리하여 예술가는 감관적인 매체를 빌려 행동과 성격에 일반성을 부여하고자 한다. 예술을 평가하는 정확한 규준들을 논함에 있어서, 브왈로D. N. Boileau(1636-1711)나 로제 드 피으Roger de Piles(1635-1709)와 같은 데카르트주의자들은 그 규준들을 선천적인 것으로 간주하고,

코르네유P, Corneille(1606-1684)나 몰리에르Molière(1622-1673)와 같은 데카르트주의자들은 그 규준들이 경험에 근거하고 있다고 주장한다. 같은 데카르트 주의자들이지만, 입장에 따라 규준 근거를 선천적인 데에서 찾기도 하고, 경험에서 찾기도 하는 상반된 차이를 드러내고 있다.

데카르트 미학에 대해 처음으로 엄격하게 설명을 가한 학자는 바움가르텐A. G. Baumgarten(1714-1762)이다. 그는 기본적으로 논리학의 영역이 감성적 인식 대상과의 연관을 통해 확장되어야 한다고 요청했다. 그리하여 그는 감성적 인식의 학, 즉 미학을 논리학과 감관적으로 평행을 이루는 것으로 보았다. 우리는 여기에서 감성적 인식의 학으로서의 미학이 그 출발은 감관적이지만 논리학과 어깨를 나란히, 그야말로 평행을 이룬다는 점에 주목해야 한다. 바움가르텐에 의하면, 저급한 인식 능력은 판명하지 않은 혼연한 표상으로서 감성적인 것으로 규정된다. 그는 기하학적인 방법을 사용하여 형식적인 정의, 격률, 전제, 증명, 계(추론) 등으로써 그 출발점을 삼고 있다. 감관적 지각은 그 자체가 형식적인 구조를 지니고 있으며, 따라서 감성에 관한 학은 나름대로의 완전함을 지니고 있다. 예를 들면, 시란 감관적 표현으로 짜여진 논의이며, 시적 완전성의 규준인 명석성은 시를 이루고 있는 개별 부분들인 운율meter, 구성plot, 시어diction에 규칙을 부여한다.

칸트와 동시대인인 바퇴L'Abbé C. Batteux(1713-1780)는 순수 예술과 응용 예술의 구별을 시도한 최초의 인물이며, 여러 예술을 하나의 단일 원리로 환원시키려고 했다. 여기서 여러 예술이 통일되는 하나의 원리란 아름다운 자연의 모방이라는 원리이다.[14] 또한 레싱G. E. Lessing(1729-1781)은 여러 예술에 공통으로 정의 가능한 규준을 인정하면서, 예술은 순수해야 하며 완전성이라는 규정원리에 의해 모방되어야 한다고 했다. 또한 그는 미적 판단 기준의 개념으로 명료성과 정확성을 제시했다. 이처럼 미적 판단은 순전히 인식론적으로 접근된 셈이었다. 칸트는 합리주의 미학과 경험주의 미학 사이에 제기된 이 쟁점을 비판적으로 종합하고 있다. 즉 취미의 원리에 관하여 우리는 먼저 "미는 언제나 경험적 규정근거에 따라, 말하자면 다만 후천적으로 감관을 통하여 주어지는 규정 근거에 따라 판단을 내린다고 생각할 수도 있고, 또한 취미는 어떤 선천적인 근거에서 판단을 내린다고 용인할 수도 있다. 전자는 취미 판단의 경험론이요, 후자는 취미 판단의 합리론일 것이다. 전자에 따르면, 우리 만족의 객체는 쾌적한 것과 구별되지 않을 것이며, 후자에 따르면 취미의 판단이 특정한 개념들에 기인하는 것인 한, 만족의 객체는 선한 것과 구별되지 않을 것이다. 그리하여 일체의 미는 이 세계에서 부정되어 버리고, 그 대신에 아마도 위에서 언급한 두 종류의 만족의 어떤 혼합물을 표현하는 특수한 명칭만이 남게 될 것이다"(*KdU*, 제58절, 246쪽). 이와 같이 칸트의 미적 판단이론은 경험론과 합리론의 혼합물인 셈이다.

경험주의자들도 합리주의자들만큼 상상력이나 은유에 대해 세심한 배려를 하고 있다. 말하자면, 베이컨F. Bacon(1561-1626)은 이성이 사물에 대한 우리의 관념을 자연에 따르도록 요구하는 반면에, 시는 자연을 개량함으로써 자유의 감정을 우리의 마음에 일깨워주는 일종의 '가장된 역사feigned history'[15]라고 말한다. 가장이란 현실이 아닌 꾸며진 현실, 즉 가상이다. 비록 그것이 지식에 어떤 기여를 하는 것은 아니지만, 역사나 철학과 똑같은 장점을 지니고 있다. 아리스토텔레스는 시인과 역사가의 임무를 구별하고, 시인의 임무는 실제로 일어난 일들을 이야기하는 것이 아니라 개연적인 혹은 필연적으로 가능한 일들을 이야기하는 데 있다고 하였다.

『리바이어던*Leviathan*』에서 홉스T. Hobbes(1588-1679)는 시가詩歌의 성립에 대해 논하면서, 상상력의 두 가지 기능을 다음과 같이 지적한다. 즉, "상상력의 단순한 기능은 감각으로부터 나온 생명이 없는 인상들을 함께 결합하는 일이며, 복합적인 기능은 규칙적이고 실제적인 방법으로 이미지들을 묶거나 혹은 자유로운 연상에 의해 묶는 것이다. 판단이란 위트의 근원이며 상이점들을 지적하는 능력이다. 상상력은 환상의 근원인데, 그것은 순수 예술에서 판단에 의해 주어진 구조에 의해 인도된다."[16] 시가 정념을 불러일으키는 능력을 갖게 되는 것은 일차적으로 상상력에 의해서이다. 흄David Hume(1711-1776)에 의하면 미란 대상 자체에 내재하는 성질이 아니라 부분과 전체와의 관계에 의해 주어진 구조에서 나타나는 어떤 쾌를 의미한다. 미를 향수하는 일은 우리가 관찰하는 대상의 각 부분들이 질서와 구성에 자연스럽게 반응하는 데서 얻어진다.[17] 여기에 덧붙여 효용성이나 유용성, 편의성, 적합성 등이 여러 인상들과 결합되어 있다.[18] 인간성 또는 개개의 관습들은 어떤 모양을 즐겁게 하기도 하고, 혹은 다른 모양을 불쾌하게 만들기도 한다. 흄은 취미의 기준을 찾으려는 우리의 노력이 당연하다고 한다. 그렇지만 미란 객관적인 어떤 성질을 지니고 있지 않은 까닭에, 진정으로 달콤한 맛이 없듯이 진정한 아름다움이란 없게 된다. 어쨌든 어떤 취미가 다른 취미보다 더 낫다고 가정할 수 있다면, 마치 어떤 예술 작품이

다른 예술 작품보다도 더 우월하다고 하는 것과 같이, 비록 그것이 다양한 경험에 기초한다고 해도 그 우월성을 판단하게 되는 규칙들이 있을 수 있다고 흄은 주장한다. 그러한 규칙들은 대상들의 개별적인 모양이나 속성들 간에 어떤 유사성이나 인과관계가 있음을 말해준다. 취미의 구성 원리나 법칙은 선천적인 것이 아니라 경험에 기초한다고 흄은 말한다.[19]

취미란 개별적인 차이를 더욱 첨예화함으로써 어떤 종류의 예술에 대해 폭넓은 경험을 하게 한다. 이때 우리는 가능한 한 편견을 줄이거나 제거함으로써 올바른 판단에 이를 수 있다. 오류와 편견을 떨쳐버린 사람들은 최후의 심판관이 되며, 역사를 통해 이러한 자격을 부여받은 사람들의 검토를 받은 예술은 흔히 위대한 예술로 간주된다. 취미란 세대에 따라 다양한 모습으로 나타나지만, 인간성 그 자체는 근본적으로 변하지 않으며, 취미의 근거 또한 변하지 않은 채로 남아 있다. 왜냐하면, 칸트가 지적하듯이, 인간성이란 한편으로는 서로에 대한 보편적인 관여의 감정, 즉 공감이며, 다른 한편으로는 자신을 가장 성실하게 그리고 보편적으로 전달할 수 있는 능력이기 때문이다(*KdU*, 제60절, 262쪽).

바움가르텐과 칸트는 '미적'이라는 말을 기능면에서 판단의

한 유형으로 삼는다. 자세한 논의는 제3장에서 하겠지만, 특히 바움가르텐은 '미적'이라는 말을 '지각의 어떤 양상 혹은 양태'로 본다는 점에서 주목할 만하다. 19세기에는 많은 학자들이 '미적'이라는 말을 자연적인 대상과는 달리 개별적인 예술의 대상을 분류하는 데 사용했다. 어떻든 미적으로 자신을 즐겁게 해주는 어떤 대상은 개별적인 나 자신이 아니라 일반적으로 말해 유_類의 한 구성원으로서의 나 자신을 즐겁게 해주는 것이다. 다시 말하면, 일반적으로 자신을 즐겁게 해주는 대상은 인류의 한 구성원으로서의 자신을 즐겁게 해주는 것이지 개별적인 개인 자신에 국한되는 것이 아니다. 이렇듯 인간의 모든 심성 능력에 대한 포괄적인 비판을 통하여 총체적인 체계를 세우기 위한 확고한 기초를 마련한 것이 바로 칸트의 미학이론이고, 그 이론적 핵심이 『판단력비판』의 주된 내용이라 하겠다.

이제 칸트가 판단력의 도입을 통해 어떻게 현상의 세계와 의지의 세계, 이론이성과 실천이성, 자연현상과 자유의지의 영역을 매개하여 연결하려고 시도하는지를 고찰해보려고 한다. 나아가 이때 '에스테틱'의 의미가 무엇인지, 공통감과 사교성은 어떻게 서로 연관되고 있는지, 그리고 끝으로 칸트에 있어 미와 도덕성은 어떻게 연결되어 인간성의 높은 차원으로 고양되는지를 차례로 살펴보고, 끝으로 전혀 이질적인 것으로 보이는 목적론적 판단력이 왜 미적 판단력에 뒤이어 논의되고 있는지를 고찰해 보기로 하자.

Ⅱ
판단과 판단력[20]

1. 들어가는 말

칸트철학에서 '판단'의 의미가 무엇인지 그리고 이러한 판단에 근거한 능력으로서의 '판단력'은 어떤 역할을 수행하는지를 그의 『판단력비판』을 중심으로 살펴보는 일이 이 장의 의도이다. 판단하는 힘으로서의 '판단력'을 칸트철학의 체계 안에서 조망해 보는 문제는 앞서 언급한 바와 같이, 무엇보다도 건축술적인 칸트의 철학체계를 온전하게 이해하기 위해서도 반드시 필요한 일이 될 것이다.

판단의 사전적 의미를 보면, 개개의 사실이나 사상事象 또는 의문에 대하여 단정하는 작용을 일컫는다. 대체로 앞뒤의 사정과 맥락을 종합하여 사물에 대한 자기의 생각을 마음속으로 정함을 뜻하거나, 또는 그렇게 정한 내용을 가리켜 판단이라 한다. 칸트적 의미에서의 판단[21]이란 자기와 대상이 맺는 관계에서, 대상의 단순한 표상이 아니라 어떤 동일성의 지평에서 규정하는 것을 뜻한다. 개념은 대상이 동일성 속에서 규정되는가의 여부를 따지고, 개념과 개념이 결합될 때에 이는 판단의 형태로 나타난다. 그리하여 흔히 판단은 명제의 형태로서 언어적으로 표현된다. 판단력이란 그렇게 하여 개개의 사실이나 사물을 정확히 판단하고 판정하는 힘 또는 능력을 말한다. 이렇게 보면, 판단 및 이에 근거한 판단력은 외적 사물 혹은 대상과 자기 자신이 맺고 있는 상호 관계에서 필연적으로 설정된 개념이라 하겠으며, 어떤 매개적인 기능을 암시해놓고 있다. 여기에 근원적으로 주관과 객관, 주체와 대상의 관계가 설정되기에 이른다.

이러한 관계설정은 칸트 인식론의 근본 문제가 되며, 그의 미학이론의 핵심이 되기도 한다. 특히 판단력은 영국에서 취미의 개념 속에 포섭되어 비평 혹은 비평론의 중심을 이루게 되었다.[22] 따라서 오늘날 미학적 내용의 중요한 부분을 이루게 되는 비평적 문맥을 이해하기 위해서라도 판단력에 대한 고찰은 필요하다. 이와 같은 논의를 토대로 먼저 사유활동 혹은 오성의 작용으로서의 판단의 의미를 살펴보는 가운데, 분석판단과 종합판단, 이것의 상호연결로서의 선천적 종합판단의 가능성, 그리고 미적인 판단과 판단력을 차례로 고찰해 보기로 하겠다.

2. 사유활동으로서의 판단

칸트에 의하면, 오성은 개념들을 판단하는 데에만 사용할 수 있다. 여기서 판단은 대상의 간접적인 인식이며 대상에 대한 표상개념이 된다. 직관은 그 자체 안에 규정가능성을 가질 뿐이다. 직관이 구체적으로 무엇으로 규정되는가의 문제는 직관 자체 만에 의해 결정되지 않고 판단에서 비로소 그것의 술어적 규정을 통해 결정된다. 이처럼 개념에 의한 직관의 규정으로서의 판단이 곧 인식이 된다. 모든 판단들은 우리가 표상하는 다양한 것을 통일시켜 주는 기능을 한다. 그래서 우리는 오성의 모든 작용을 판단들로 환원할 수 있는바, 그로 인해 오성은 일반적으로 판단하는 능력이라고 말할 수 있게 되는 것이다. 우리가 판단함에 있어 이러한 통일 기능을 완전히 표시할 수 있다면, 오성의 기능들은 다 밝혀질 수 있을 것으로 생각된다(*KrV*, 107쪽). 말하자면, 오성은 개념에 의한 인식 능력이며, 개념에 의한 인식 능력은 판단하는 작용이기 때문이다. 그리고 판단작용은 표상들 간의 결합기능이기에 오성은 개념에 의한 인식 능력으로서 표상들을 결합하는 판단능력이 된다.

따라서 판단은 오성의 기능이요 활동으로서, 그것은 서로 다른 표상들을 하나의 공통된 표상으로 귀착시키는 통일작용을 한다. 칸트에 있어 사유활동은 본질적으로 판단에 이르는 과정일 수밖에 없으며, 사유활동은 표상하는 내용과 의식의 통일을 이루어 내는 결합을 가능하게 한다. 오성일반은 사유규칙의 능력이고, 규정적 판단력은 그와 같은 오성의 규칙 아래에 포섭하는 능력이다. 말하자면, 어떤 것이 오성으로부터 부여된 규칙에 잘 적용되는가, 그렇지 않은가를 결정하는 능력인 것이다. 그래서 오성은 교육을 통해 잘 가르쳐질 수 있으나, 판단력은 오성에 비해 타고난 능력이라 하겠다. 판단력은 오성 개념을 현상에, 즉 직관에 잘 적용시키는 능력이다. 이 판단력은 경험적 직관에 의해 인식이 가능해지는 그와 같은 작용에 바탕을 두기에 선험적 판단력이 된다. 여기서 선험적이란 가능한 경험의 지평을 말한다.

칸트에 의하면, 우리는 판단이란 말을 사실의 인식과 명제에 대한 믿음을 포괄하는 의미로 사용한다. 선천적으로 인식되거나 인식될 수 있는 사실과 명제는 어떤 것이든 필연적이라는 결론이 나온다. 그러나 특정한 시간에 특정한 사람에 의해서 선천적으로 인식되지 않는 여타의 다른 필연적인 사실 또는 명제들이 있을 수 있다. 판단은 칸트적인 오성 작업으로서, 주어진 인식을 통각의 객관적 통일로 이끈다.[23] 칸트의 견해에 따르면, 보편적이고 필연적인 앎은 단지 판단의 형태로만 존재할 수 있다. 그는 논리적(이론적), 미적, 실천적(도덕적) 판단을 서로 구분하고 있으며(KdU, E32, E60), 규정적 판단과 반성적 판단, 주관적 판단과 객관적 판단, 분석판단과 종합판단을 나누기도 한다. 특히 『순수이성비판』에서의 중심문제는 어떻게 선천적 종합판단이 가능한가에 대한 답의 모색이었다. 이러한 모색은 『실천이성비판』 및 『판단력비판』으로 이어진다. 여기서는 특별히 중요하다고 생각되는 분석판단과 종합판단을 토대로 어떻게 선천적 종합판단이 가능한가를 살펴보며, 나아가 이것이 어떻게 미적인 판단 및 판단력과 연결되는가를 고찰해보기로 한다.

_ 분석판단과 종합판단

'이 공은 둥글다'와 같이, 술어가 주어 중에 이미 포함되어 있는 것으로서 주어의 개념에 속하는 경우의 판단이 분석판단이다. 다시 말하면, 주어 개념 속에 이미 내포되어 있는 것을 분석하여, 이것을 술어로 삼는 판단이다. 그리고 '이 물체는 무겁다'처럼, 술어가 주어에 결합해 있기는 하지만, 술어가 주어의 밖에 있는 경우의 판단이 종합판단이다. 즉, 술어가 주어와 결합하여 이루어진 판단으로 주어에 포함되어 있지 아니한 새로운 개념을 나타내어 인식을 확장시키는 판단이다(*KrV*, B10). 종합판단의 경우, 결합요소가 밖에 있기 때문에 경험을 통해 그 결합 여부를 판단해야 한다. 분석판단의 경우는 오성 개념의 내용을 분석할 뿐이다. 이미 주어 개념에 존재하는 개념이 분해되어 주어 개념과 결합되어 있다. 술어가 주어를 되풀이하거나 주어를 여러 요소로 나누어 주어 안의 모호한 요소들을 분명하게 드러내는 판단이다. 대체로 분석판단은 경험의 모든 인식과 독립해 있는, 즉 경험과는 무관한 그리고 경험 이전의 판단으로서 선천적a priori 인식이며, 새로운 앎을 보태거나 전해주지는 못한다. 이에 비해 종합판단은 경험에 원천을 둔, 즉 경험과의 관계 속에서 이루어진 후천적a posteriori 인식이며, 새로운 앎이나 정보를 포함한다.

　분석적인 어떤 판단도 전통적인 의미에서 선천적일 것이라는 사실은 분명하지만, 역으로 선천적인 모든 판단이 분석적일 것이라는 결론이 나오는 것은 아니다. 어떤 사물에도 그 사물에 모순되는 술어가 귀속되지 않는다는 모순율의 명제는 모든 분석적 인식의 보편적이요, 충분한 원리이다. 또한 종합판단을 위해서 우리는 주어진 개념의 바깥으로 나올 필요가 있다. 여기서 안의 주어와 밖의 객어를 종합하는 제삼자가 내감內感이다. 칸트에 따르면, 내감의 선천적인 형식이 시간이다.

앞서 살펴본 바와 같이, 종합판단은 경험에 의해, 경험과 더불어 비로소 형성된다. 이 판단은 일정하게 부여된 경우에만 타당하다. 종합판단의 가능성은 내감, 구상력, 통각을 통해 주어진다. 모든 종합판단의 최상원리는 가능한 경험에 있어 모든 대상이 직관의 다양을 종합적으로 통일할 무렵의 필연적 조건에 종속한다는 것이다.

_ 선천적 종합판단의 가능성

칸트의 인식론적 물음은 선천적 종합판단의 가능성, 즉 보편타당하면서도 동시에 새로운 앎을 전달하는 판단이 가능한가의 여부이다. 경험은 그 구체성으로 인해 진정한 보편성을 담보하지 못한다. 내적 필연성이라는 특성을 지니는 이성의 보편적 인식은 따라서 경험으로부터 독립해야 하고 그 자신에 있어 명석하고 판명해야 한다. 그래서 보편적 인식은 선천적 인식이어야 한다. 선천적 인식이란 어떤 경험으로부터 독립해 있는 인식이 아니라 모든 경험에서 단적으로 독립해 있는 인식을 뜻한다(*KrV*, A2). 독립해 있는 인식이기에 모든 경험의 가능적 조건이 되는 것이다.

우리의 사변적인 선천적 인식이 궁극적으로 의도하는 바는 종합적인 원칙에까지 확장되어 그 타당한 근거를 마련하는 것이다. 분석적 원칙에 의한 판단은 물론 중요하고 유용하기는 하지만, 사고내용이 판단하는 주체의 범위를 벗어나지 못하기 때문이다. 그리하여 이는 단지 새로운 인식의 획득으로서의 확장된 종합에 필요한 개념의 판명성에 도달하기 위한 것이다(*KrV*, B 14). 인식의 획득은 종합판단을 통해 이루어진다. 이를 통해 하나의 개념이 논리적으로 도출될 수 없는 다른 개념과 결합된다. 그리하여 이제까지 그 개념에 속하지 않던 내용이 새롭게 덧붙여진다.

선천적 종합판단이란 개념들의 결합을 모든 경험에 앞서 산출하는 그러한 판단이다. 이성에 근거한 전체 이론학은 선천적 종합판단이 원리로서 포함되어 있다. 선천적인 종합판단들은 확실한 원리들이 있을 때만 가능하다. 이런 원리의 하나가 공간의 원리인데, 공간 그 자체는 하나의 순수한 직관형식이다. 공

간은 선천적 종합판단을 가능하게 하는 하나의 가능성의 조건
이다. 공간에 관한 물음은 하나의 선천적인 물음이다. 이는 인
식을 가능하게 하는 조건들에 관한 물음이기도 하다. 선험적 감
성론에서 칸트는 공간과 시간이 원래부터 우리들의 감각 안에
포함되어 있는 그런 원리들이라고 말한다. 감성론은 그것 없이
는 감각이 불가능한 그런 두 가지의 내적인 조건들을 발견해낸
다. 공간과 시간은 경험에서 나오는 것이 아니라 경험의 선천적
근거가 되는 조건이 되는 셈이다.[24]

선천적 종합판단은 공간적으로 그리고 시간적으로 경험에 앞
서 주어진 요소들을 개념적 종합으로 작업한 내용이다. 순수
시·공간은 선천적인 직관에 상응하고, 종합의 작업은 순수한
오성이 해내는 역할이다. 이들에 대한 논의는 선험적 감성론에
이어 선험적 논리학에서 계속된다.[25] 선천적, 종합적 인식은 지
각가능한 대상에 관한 것인 한에서 가능하다.

3. 미적인 판단과 판단력

칸트에 있어 오성 일반을 규칙의 능력이라고 한다면, 판단력
은 그런 규칙 아래로 포섭하는 능력이며, 무엇이 주어진 규칙의

적용을 받는가의 여부를 식별하는 능력이다. 오성은 규칙들에 의해 가르침을 받을 수 있고 보강될 수 있으나, 판단력은 하나의 특이한 능력에 속하는 것이어서 가르쳐지지 않고 연마될 뿐이다. 판단력은 이른바 건전한 오성으로서, 특수한 것과 보편적인 것의 관계에 대한 성찰이요 모색이며, 상급의 인식 능력으로서 오성과 이성의 중간에 위치하는 중간항이다(*KdU*, XXI LVIII E7 E59). 판단력은 자연개념과 자유개념을 매개하는 자연의 합목적성의 개념을 제공하고, 쾌와 불쾌의 감정에 대해서 선천적 구성적 원리를 내포한다. 판단력은 구상력을 오성에 순응시키는 능력으로서, 경험적 직관을 개념 아래에 포섭한다. 판단력이 수행하는 일은 개념의 현시, 즉 개념에 그것과 대응하는 직관을 병치시키는 것이다. 여기서 판단력은 철학체계의 한 부분에만 머물지 않고 각각의 심성능력이 지니는 가능성과 한계를 지적하는 비판의 역할을 수행한다.

칸트에 의하면 판단력이란 "특수한 것을 보편적인 것에 속해 있는 것으로 생각하는 능력"(*KdU*, B XXV)이다. 특수자와 보편자의 관계에 있어 규정적 판단력은 보편자가 이미 주어져 있는 경우에 특수자를 이 보편자에 포섭하는 경우이다. 이 판단력은 경험적 대상을 오성 개념에 소속시키고, 경험적 인식 판단에서 활동한다. 오성 개념은 경험의 일반적인 가능성에만 관계하므로 오성 단독으로는 개별적이고 구체적인 경험의 사례들에 대해 선천적이고 일반적인 개념들을 다 제공할 수 없다. 이 경우에 판단력은 스스로 보편자를 찾아내려고 노력해야 한다. 특수만이 주어져 있고, 판단력이 특수에 대하여 보편(규칙, 원칙, 법칙)을 찾아내야 하는 경우에, 이는 반성적 판단력이다. 그러나 특수로부터 보편으로 거슬러 올라가야 할 반성적 판단력은 하나의 원리가 필요하다. 그리고 그 원리를 반성적 판단력은 경험으로부터만 이끌어낼 수 없다(*KdU*, XXVII). 그런 까닭에 경험과의 관계 속에서 가능한 경험의 지평을 넓히고자 하는 칸트의 시도를 읽을 수 있다. 현상의 총체로서의 자연세계 안에서 경험들은 구체적이며 다양하고 무한하다. 그런 까닭에 판단력은 경험세계 안에서 객관적인 보편자를 발견하기란 어렵다. 그래서 판단력은 경험적 법칙들의 다양성과 관련하여 보편자를 반성적으로 산출해내지 않으면 안 된다.[26]

보편과 특수는 서로 독립되어 있어서는 각각의 의미를 잘 드러낼 수 없으며, 서로 관계를 맺을 때에만 정당한 의미를 지닐 수 있다. 규정적 판단력과 반성적 판단력의 경우에서 우리는 그 관계를 살펴볼 수 있다. 보편이 주어져 있는 경우에, 특수를 보편 아래에 포섭하는 판단력은 규정적이며, 특수만이 주어져 있고 이 특수에 대하여 보편을 찾아내야 하는 경우에는 반성적이다. 그러므로 판단력은 개념을 찾기 위해 주어진 표상을 반성하는 능력이거나, 주어진 표상에 의하여 개념을 규정하는 능력이거나이다. 규정적 판단력은 주어진 법칙이나 개념 아래에 포섭하는 데 지나지 않는다. 무엇이 주어져 있는 상황에서 나중에 발생하는 것과의 관계를 고려할 때에 규정적이냐 반성적이냐를 정하는 문제는 특히 미적 판단과 관련하여 볼 때 매우 중요한 문제라 여겨진다. 반성적 판단력은 특수에서 보편으로 거슬러 올라가야 한다. 반성적 판단력은 자연을 반성하기 위하여 자기 자신에게 법칙을 지정한다. 따라서 반성적 판단력은 자연의 기계적 조직의 원리와는 다른 원리, 즉 목적인을 자연 형식을 가능케 하는 근거로서 생각하지 않을 수 없다(*KdU*, 제70절, 316쪽).

칸트 인식론의 주된 과제는 감성계와 오성계라는 두 세계를 필연적이고 논리적으로 어떻게 결합하느냐에 달려 있다. 원래 칸트에게서 인식 능력들의 비판이란 이 능력이 선천적으로 수행할 수 있는 일이 무엇인가를 묻고, 그 한계와 아울러 가능성을 지적하고 탐구하는 일이다. 모든 선천적이며, 이론적인 인식을 위한 근거를 내포하고 있는 자연개념들은 오성의 입법능력

위에 기초를 둔 것이다. 감성적으로 제약받지 않은 모든 선천적, 실천적 준칙을 위한 근거를 내포하고 있는 자유개념들은 이성의 법칙 부여 내지는 법칙 정립 능력 위에서만 가능하다. 이렇듯 상이한 두 가지 입법능력은 철학을 이론철학과 실천철학으로 정당하게 구분해준다. 오성과 이성이라는 상급의 인식 능력의 계보 안에 매개항으로서의 판단력이 있다.『판단력비판』이 어떻게 체계적으로 가능한가라는 물음은 선천적 능력으로서의 반성적 판단력이 수행하는 특수한 업적으로부터 비롯된다고 하겠다.[27]

인식 판단은 객체의 표상을 오성을 통하여 객체에 관계시키고, 취미 판단은 객체의 표상을 주관의 쾌와 불쾌의 감정에 관계시킨다(*KdU*, B3 이하). 인식 판단은 논리적이며 취미 판단은 미적이다. 즉, 직관적이며 감성적이다. 물론 논리적인 것과 감성적인 것은 미적 판단을 통해 서로 유비적인 관계에 서게 되며, 세계에 대한 우리의 인식영역을 보완하며 확장해준다. 칸트에 있어 미의 판단은 미에 대한 설명으로부터 시작된다. 이럴 때에 문제가 되는 것은 미에 관한 판단이란 과연 어떤 판단이냐 하는 것이다. 대상의 미적 가치, 즉 대상이 지니고 있는 미적 성질을 판별하는 것이 미적 판단이다. 대상이 아름다운가 그렇지 않은

가에 대해 판정을 내리는 것이 곧 미적 판단이며, 취미 판단이다. 미적 기술로서의 예술을 판정함에 있어서 가장 중요한 것이 취미이다. 이를테면, 미를 위해서 필연적으로 요구되는 것은 이념이 풍부하다거나 독창적이어야 한다는 것보다는 오히려 구상력이 자유롭게 활동하는 가운데 오성의 합법칙성에 합치하는가의 문제이다. 하지만 구상력이 아무리 풍부할지라도 그것이 무법칙적인 자유 가운데에 있다면 무의미할 것이다. 구상력의 유의미성을 위해 판단력은 구상력을 오성에 순응시키는 능력으로 활동한다. 미적 기술에서 자기 자신의 원리들에 의해 판정을 내리는 판단력은 구상력의 자유와 풍부함보다는 오성에 더 기울어져 있으니 이는 미적 이성의 문제와도 연결된다고 하겠다.

『순수이성비판』에서의 판단표(*KrV*, B 95)에 포함된 술어들로써 취미 판단을 분석해보고자 하는 칸트의 의도는, 그가 미의 분석론에서 다루는 네 계기, 즉 성질, 분량, 관계, 양상에서 그대로 나타난다. 각 부분에서 취미 판단의 무관심성, 주관적 보편성, 목적 없는 목적으로서의 합목적성, 공통감이 논의된다. 미적 보편성은 미라는 술어를 논리적 범위 전체에서의 객체의 개념과 결부시키는 것이 아니라 판단자들의 범위 전체에 확장시킨다. 논리적 양에서 보면, 모든 취미 판단은 단칭 판단이다. 취미 판단에서는 대상을 쾌와 불쾌의 감정에서 직접 파악해야 하고 개념에 의하여 판단해서는 안 된다. 그리고 취미 판단은 주관적이지만 모든 사람들에 대한 보편타당성이라는 양적 판단의 계기를 지닌다. 이를테면 쾌적한 것에 관한 판단은 그 자체로 보편성의 양을 가질 수 없다. 선에 관한 판단은 보편성의 양을 지니지만, 객체의 인식으로서 객체에 관하여 타당하므로 미적 보편성이 아니라 논리적 보편성을 지닌다고 하겠다. 취미 판단은 논리적 전칭판단이 아니기에 모든 사람들의 동의를 요청하는 것이 아니라, 이러한 동의를 규칙의 한 범례로서 모든 사람들에게 요구하여 전칭 판단의 효과를 거둔다. 이러한 범례에 관한 확증은 개념에서가 아니라 동의를 구하는 찬동에서 나온다. 취미 판단이 보편적 전칭 판단의 형식을 취하고 있지 않음에도 불구하고 전칭 판단의 힘을 가지고 있다. 마치 대상이 그런 성질을 지니고 있는 것처럼, 단칭적으로가 아니라 전칭적으로 누구나 그 대상을 아름답다고 보아야 한다는 말이다.[28] 대상은 객관적으로 거기에 있지만 대상이 지닌 성질, 곧 대상성은 주관이 거기에 부여한 것으로서 상호주관적 계기를 담고 있다. 이러할 때, 취미 판단의 주체는 대상에 대해 단칭 판단을 내리지만, 그 대상성으로 인해 주·객의 연결을 보며, 여기서 우리는 보편적인 요청을

하게 된다.

따라서 무엇이 즐겁기 때문에 미적인 것이 아니라 오히려 우리가 그것을 미적이라고 판단을 내리기 때문에 즐거운 것이다. 그리고 그것은 별다른 이의제기 없이 동의하고 찬동할 수 있는 판단이 된다. 자연스레 미적인 판단은 보편적이고 필연적이 된다. 이는 다른 사람들이 그렇게 판단하는 우리와 동의하도록 기대하게 하는 판단의 본질적인 부분이 된다는 말이다. 미적인 판단에 연루된 논쟁이나 논의란 진정으로 마치 어떤 대상의 물리적인 속성이나 화학적인 성질이 그러한 것처럼 보편적이고 필연적이 된다. 물론 여기서 말하는 보편성이나 필연성이 지닌 특성은 어떤 논리적인 귀결에서 나온 것이 아니라 칸트의 말을 빌리면 공통감Gemeinsinn, sensus communis에 그 근거를 두고 있는 것으로 보인다. 따라서 이는 보편적인 동의나 필연적인 찬동을 요구하는 공동체적인 판단에서 우러나온다고 하겠다. 공동체적인 판단은 공동체가 지향하는 규범이나 이념으로서, 모든 사람들이 공유하는 판단이며 그 구성원들에게 보편적인 만족을 준다.

미적 판단력은 형식적이고 주관적인 합목적성을 쾌와 불쾌의 감정에 의하여 판정하는 능력이다. 미적 판단력은 개념을 떠나서 형식을 판정하는 데에서 만족을 발견하는 능력이다. 미적 판단력은 자유로운 유희를 통해 구상력과 오성과의 상호연결과 합치를 요구한다. 그래서 미적 판단력은 주관적 근거에 기인하는 판단이지만 사적인 판단에 머무르지 않고 여기에서 한걸음 나아가 타자他者에 대해 보편적 동의를 요구한다. 어떤 감성적 대상 일반을 판정하는 데 적용되는 쾌는 인식 능력들의 관계에 대한 표상의 주관적 합목적성으로서 누구에게나 당연히 요구될 수 있다(KdU, 제38절, 151쪽). 일면적인 주관적 근거에 기인한 주체의 설정이 아니라 타자에 대한 보편적 동의의 형태로 타자와의 관계를 전제했다는 점은 칸트철학의 주된 특징 가운데 하나인 주관주의와 관련하여 시사하는 바가 크다고 하겠다.[29]

미적 판단으로서의 취미는 판단력 일반의 주관적인 원리에 의존한다. 하지만 취미가 주관성에 근거한다고 하여 개인적인 것만은 아니다. 취미는 일종의 '공통감'으로서 사회적 교양과 문명화된 인간성의 지반 위에서 내려지는 판단이다. 취미의 주관성과 이것의 사회적 보편성 요구 사이의 대립은 취미의 최종 근거, 즉 모든 개인에 보편적으로 존재하는 인간의 초감성적 기체에 기반함으로써 해소된다. 반성적 판단력은 역지사지易地思之랄까, 모든 다른 사람의 입장에서 사고하는 것을 격률로 지니며 이를 통해 인간은 사적 판단의 주관적인 조건들을 넘어서게 된다.

오성은 일반적인 것의 인식이며, 판단력은 일반적인 것을 특수한 것에 적용하는 능력이다. 이성은 일반적인 것과 특수한 것의 결합을 통찰하게 하는 능력이다.

미적 판단을 통해 아름다운 대상들은 어떤 설정된 목적이 따로 없지만 목적이 있는 것처럼 나타난다. 어떤 대상의 목적이란 그에 따라 만들어지는 최종적인 개념이다. 이는 우리가 애초에 머릿속에 무엇을 만들겠다고 구상했던 어떤 최초의 개념인 것이다. 어떤 대상이 그러한 목적을 갖는다면 그것은 합목적적이라고 할 만하다. 만약 어떤 특별한 목적이 발견되지 않는다고 하더라도 마치 어떤 목적을 갖는 것처럼 보인다면 그것은 또한 합목적적이다.

칸트는 미적 판단이 어떻게 가능한가 그리고 어떻게 타당한가를 묻는다. 칸트의 미학에 대한 논의는 그의 인식론이나 윤리학과 깊은 연관을 맺으면서 전개된다. 이 점은 예술과 미에 관한 영국 경험론자들인, 섀프츠베리3rd Earl of Shaftesbury(1671-1713), 허치슨Francis Hutcheson(1694-1746), 흄 및 버크Edmund Burke(1729-1797)와 대륙의 합리주의 철학자들 가운데, 특히, 바움가르텐Alexander G. Baumgarten(1714-1762) 간의 논쟁을 비판적으로 종합한 칸트의 논의에서 더욱 그러하다.

영국의 경험론적 미학자들이 제기한 주된 물음은 미에 대한 연구가 그 규모에 있어 보편적일 수 있는가, 미적인 대상 및 그것에 대한 우리의 반응이 본질적으로 감각이나 감정에 연루되어 있는가, 미에 대한 자연스런 반응이 대체로 개별적인 경험이나 공동체적 경험, 습관, 관행에 의해 덮여져 있는가 등이다. 이러한 문제들에 있어 경험론자들이 보이는 합리주의자들과의 주된 불일치는 감각이나 감정의 문제와 연관된 미의 문제에서이다. 라이프니츠G. W. Leibniz(1646-1716)를 뒤이은 바움가르텐은 모든 감관의 지각이란 혼연한 인식이며 감각적 이미지에 의한 인식이라고 주장한 바 있다. 비록 미가 우리의 감각에 나타난다 하더라도 혼연한 인식일 뿐, 비인식적이라고는 더 이상 말할 수 없다는 말이다. 바움가르텐에 있어 미란 경험현상과 연관된 생리학적인 개념이라기보다는 비례나 조화와 같은 합리적인 개념과 더 많은 연관을 맺고 있기 때문이요, 그가 제출한 유사이성類似理性의 개념이 미적 감성에서 가능하기 때문이다.

칸트는 직관적 또는 감각적 표상과 개념적 또는 합리적 표상을 구분하고 있다. 판단을 결정해주는 자연경험과 마찬가지로 미적 경험은 직관적 및 개념적 표상의 차원 없이는 설명할 수 없다. 따라서 미란 영국 경험론의 전통에서처럼 결코 비인식적이지 않다. 미에 관한 판단이 가능한가라는 물음과 더불어 칸트는 미의 경험을 분석한다. 칸트의 주된 초점은 꽃이나 일몰 등과 같은 자연대상에 있어서의 미의 판단이다. 미적 판단은 무관심 적이다.[30] 감각에 의한 관심은 쾌적하며, 개념에 의한 관심은 선하다. 미적 판단은 이들 관심들로부터 자유롭다. 관심이란 실재의 욕망이나 욕구 또는 행위와 연결되어 있다. 그래서 어떤 대상의 실재 현존과 관련되어 있다. 미적 판단 그 자체에서는 미적 대상의 실재 현존은 연관되어 있지 않다. 내가 어떤 그림으로부터 즐거움을 맛보고자 그것을 소유하려 할 때, 그 즐거움은 미적 판단과는 구분된다. 판단이 즐거움으로 귀착되지, 즐거움이 판단으로 귀착되는 것은 아니다. 칸트에 따르면, 미적 판단이란 그 대상에 제시된 형식에 관련되는 것이지 내용과 관련되는 것은 아니다. 왜냐하면 내용은 늘 이론적이거나 실천적 관심과 연관되어 있기 때문이다. 그리하여 칸트의 논의는 근대미학의 모든 형식주의의 근거가 된다.

미적 판단은 그것이 마치 객관적으로 판단된 대상의 성질인 것처럼 다른 사람의 동의를 보편적으로 요구한다. 보편성은 판단의 주관성이나 객관성과는 다른, 이를테면 개념으로부터 떨어진 보편적인 그 무엇이다. 반성적 판단이기 때문에 취미에 관한 미적 판단은 적합한 개념이 없고, 단지 객관적인 것처럼 처신한다. 또한 미적 판단은 범례적 필연성을 갖는다. 미에 관한 판단이 미에 관한 어떤 결정적인 개념을 따르거나 산출하지 못하기 때문에 범례가 필요하게 된다. 범례는 단편적이고 일과적인 단순한 사례가 아니라 모범적 실례로서 시간적 지속성을 지니며, 보편적 파급효과를 지닌다고 보아야 할 것이다.

공통감이야말로 미에 대한 우리의 감정이며 취미의 선천적인 원리이다. 자연에 대한 이론적 인식에 있어서는 표상의 보편적 전달가능성, 그것의 객관성, 선천적 원리 안에 있는 그것의 토대는 서로 관련을 맺고 있다. 따라서 보편적 전달가능성, 범례적 필연성, 선천적 원리 안의 토대는 미적 판단에 대한 주관적 조건 가능성을 이해하는 서로 다른 방식들이라 하겠다. 미적 대상의 측면에서 보면, 이러한 주관적 원리는 자연의 합목적성의 원리와 일치한다. 칸트가 말하는 미적 판단의 네 계기는 공통감의 이념으로 수렴된다. 공통감은 일상적인 인식 능력과 같은 능력을 지니게 된다. 이는 자연적 경험을 가능케 하는 인간성의 특징이기도 하다. 이 능력은 규정적 인식을 이루기보다는 조화를 이루는 데에 있다.

칸트에 의하면, 미적 혹은 미감적[31] 판단은 비규정적 판단으로서의 반성적 판단이며, 이론과 실천의 두 영역에서의 규정적 판단력의 활동을 들여다볼 수 있다. 그리고 이 두 영역을 매개하는 반성적 판단의 가능근거를 해명한다. 또한 반성적 판단의 기본원칙으로서 합목적성과 공통감을 들고 있다. 특히 이론의 영역에서의 '자연'은 경험대상으로서 감성적이고 지각가능한 것이며, 그 자체로 존재하는 실재實在가 아니라 물리적이고 심리적인 현상들의 체계적인 연관이다.[32] 실천이성이 지배하는 도덕법칙에선 자연은 실천의 장場이 되며, 구체적 현실이 된다. 그렇다고 할 때, 구체적 현실이 자연현상의 장場에서 이루어진다.

자유와 자연의 관계에서 보면, 규정되지 않은, 즉 열린 판단으로서의 반성적 판단의 가능성은 판단자 자신의 무규정성, 곧 자유에 근거한다. 반성적 판단력에 있어서 개별적 자연은 일반원리에 의해 규정된 것으로 간주되지 않고 그 자체가 무규정적인 것으로 간주된다.[33] 이러한 무규정적 판단의 의미는 그러므로 현상학적 지향성으로, 나아가 인간학적 열린 지평의 계기가 된다고 하겠다. 자연과 자유가 서로 관계를 맺을 수 있는 유일한 길은 자유가 자연 안에서 자신을 실현하는 것으로서만 가능하다. 이러한 실현을 위해 판단력은 자연의 합목적성의 개념을 끌어 들여 자연개념과 자유개념을 매개하거니와, 특히 반성적 판단력은 자유롭게 유희하는 중에 있는 구상력을 보편적인 성질을 지니는 오성과 매개시키며 미적 조화의 감정을 유발시킨다. 따라서 미적 조화는 구상력과 오성의 매개에서 이루어진다.

전통적으로 이성적 사유가 주·객의 대립을 극복하는 원리로 사용되어 왔으며, 반성적 판단력이 의거하는 주·객합치의 합목적성의 원리는 개념적이고 합리적인 차원 이전의 것이다. 칸트에서 우리는 주·객의 합치라는 직접적인 연결보다는 주·객합일을 위한 '보편적인 찬동이나 관여의 감정'을 보아야 할 것이다. 관여 혹은 관계는 유적 존재로서의 인간의 본성이며 이는 사교적 장에서 이루어진다. 따라서 이 의미에 우리는 주목할 필요가 있으니, 여기에 바로 칸트미학이론의 타자적 접근가능성이 놓여 있거니와 여기에 사교적 혹은 사회적 성격이 아울러 있기 때문이다.

칸트에 있어서는 오성과 구상력의 조화로운 유희遊戲로부터 취미 판단이 가능하다. 그에 의하면 미적인 쾌는 누구에게나 공통인, 동일한 조건에 근거해야 한다. 왜냐하면 그것은 인식일반의 가능성에 대한 주관적 조건이며, 모든 사람에게 전제된 취미를 요구하는 인식 능력의 비례관계이기 때문이다. 그리고 앞서 언급한 조화로운 유희는 일종의 유비類比 혹은 유추類推요, 비례

관계이다. 플레스너Helmuth Plessner(1892-1985)는 『인식론적 철학의 관점에서의 칸트체계』라는 저서에서 판단력의 특수한 기능을 시사하면서, 이러한 비례관계를 정확하게 지적하고 있다. 특히 플레스너는 판단력의 이행기능 및 매개기능에다 초점을 맞추어 네 가지의 비례관계를 이야기한다.[34] 여기에서의 비례관계란 바움가르텐의 맥락에서 보면, 뒤이어 언급하듯이 이성을 근간으로 하되, 이성과의 유비적 관계를 일컫는다고 하겠다. 이는 물론 칸트 자신이 미적 감정의 보편적 전달가능성을 구상력과 이론이성 곧 오성사이의 비례관계, 즉 양 능력이 어느 한쪽에 치우침이 없이 서로 간의 적절한 균형에 근거하도록 했기 때문이다. 그리하여 미적 감정은 자의성을 벗어나 적절한 균형을 취할 수 있게 된다.

숭고의 판단 또한 주·객합일의 상태에서 가능한 판단이다. 숭고함은 단적으로 큰 것으로서 절대적인 크기이며, 다른 것과 비교할 수 있는 상대적인 크기가 아니다. 숭고함은 감각의 모든 기준을 넘어서는 심성의 능력이다. 이러한 감각의 모든 기준을 넘어선 절대적 크기는 결국 자연에 있는 것이 아니라, 인간의 심성 안에 있다. 그리고 여기에서 주목해야 할 점은 칸트미학과 윤리학의 연계 경향이다. 이러한 일이 가능한 것은 미적 판단에서는 특수한 것과 보편적인 것, 개념과 감각들이 서로 화해할 수 없이 분리되어 있는 것이 아니라, 내적으로 함께 혼합되어 있다는 생각이 있기 때문이다. 그리고 이것들을 주관하는 것이 미적 이념이다. 다시 말하자면, 칸트가 왜 미의 판단능력에서 숭고의 판단능력으로의 이행을 다루지 않으면 안 되었는가라는 문제에 대한 해답의 모색은 칸트의 제3비판서의 올바른 이해를 위해, 나아가 칸트철학 전체의 체계적 매개와 연결을 위해 필요한 일이다. 왜냐하면 그는 이론이성에 대한 실천이성의 우위를 강조하고자 했기 때문이다.

자연이 본질에 있어 자유라는 것은 곧 자유가 자연 안에서 자신을 발견한다는 말이다. 물론 자연과 자유를 단적으로 동일선상에 놓는 것은 아니다. 그러나 칸트는 예술로서의 자연개념을 확장하고 또한 자연의 형식을 가능하게 하기 위해 '자연의 기교'라는 개념을 끌어 들인다. 큰 틀에서 보면 칸트의 미학이론을 따르고 있는 실러Friedrich von Schiller(1759-1805)는 이 말을 바꾸어, '현상에서의 자유Freiheit in der Erscheinung'라 명명한 바 있다. 현상現象이란 우리가 자연에서 접하고 경험하는 대상으로서 한마디로 자연현상이라 말할 수 있을 것이다. 그러므로 여기서 우리는 자연현상과 연결된 자유의 의도를 엿볼 수 있다. 왜냐하면 자유가 현상하는 장소가 곧 자연이기 때문이다.

우리가 세계와 만나는 가장 원초적인 방식은 이론적 인식이나 실천적 의지이기에 앞서 미적 느낌이요, 이에 대한 판단이다. 실로 우리가 감정을 파악하거나 이해하는 일은 인간이 세계를 현재화하는 것이며, 현재라고 하는 시간 안에서 세계를 보는 독립적인 방식인 것이다.[35] 느낌 또는 감각이란 세계를 현재화하여 살아 있게 하는 것이며, 세계에 대한 이러한 파악이 곧 감성적 인식cognitio sensitiva인바, 바움가르텐 미학이론의 중심개념이 되었던 유사이성analogon rationis이다. 이는 반성적 판단력으로 이어져 칸트에게서 되살아나게 된다.

4. 맺음말

칸트에 있어 판단 및 판단력의 문제는 오성과 이성 중심인 인식 능력의 매개와 확장으로 이어진다. 칸트는 『순수이성비판』과 이것을 쉽게 풀어 설명하기 위해 저술한 『프로레고메나 Prolegomena』(1783)에서 보편적이고 필연적인 인식이 도대체 가능한지의 여부와 또한 어떻게 가능한지의 여부를 묻는 물음에 대한 해답을 모색한 바 있다. 그러나 이미 인간의 본질인 주관과 객관의 상호연관과 그 일치가 아직 실현되지 않고 있다는 역설이 바로 『판단력비판』에서 반성적 판단력을 도입하지 않으면 안 되게 된 배경이다. 그것은 본질로서 주어지되 그 실현을 향해 나아가야 할 과제로서 부과된 이념인 것이다. 더욱이 미적 이념은 취미의 최고의 전형典型이요, 원형原型이다(KdU, 제17절, 54쪽/제51절, 207쪽). 이념은 '미적 판단력의 변증론'에서 등장한 이율배반의 해소의 결과 얻게 된 미적 이념인 것이다. 미적 이념의 표현은 형식적 성질에 주목함으로써 이루어진다. 칸트의 미적 이념은 이념의 규제적 사용원리와 아주 가깝게 연결되어 있다. 변증론적 가상은 외관상 구성적으로 보이는 듯하지만, 실제로 규제적 원리에 의해 해결되기 때문이다.[36]

취미 판단의 주관적 조건으로서 취미 판단의 기초가 되는 것은 주어진 표상에 의하여 일어나는 심적 상태의 보편적 전달 가능성이다. 표상의 이러한 보편적 전달가능성에 관한 판단의 규정근거가 단지 주관적인 것으로, 즉 대상의 개념과 무관한 것으로 생각된다면, 표상력들이 주어진 표상을 인식일반에 관계시키는 한에 있어서, 이 규정근거는 이러한 표상력들의 상호 관계에서 나타나는 심적 상태일 수밖에 없다. 표상은 대상에 의해 주어지는데, 일반적으로 이 표상으로부터 인식이 성립되기 위해서는 직관의 다양을 결합하는 구상력과 그 다양의 표상들을 개념에 의하여 통일하는 오성이 필요하게 된다. 취미 판단에 있어 표상방식이 갖는 주관적인 보편적 전달가능성은 일정한 개념을 전제함이 없이 성립되어야 하므로, 그것은 곧 구상력과 오성과의 자유로운 유희에 있어 나타나는 심적 상태인 것이다.

오성이 부여하는 보편적인 법칙들 아래에 있는 규정적 판단력은 포섭만을 할 뿐이다. 규정적 판단력에 대해 법칙은 선천적으로 제시되어 있다. 따라서 규정적 판단력은 자연에 있어서의 특수를 보편에 예속시키기 위해 스스로 법칙을 고안해낼 필요가 없다. 자연에 있어서 특수로부터 보편에로 거슬러 올라가야 할 임무를 띠고 있는 반성적 판단력은 하나의 원리를 필요로 한다. 반성적 판단력은 이 원리를 경험으로부터 이끌어낼 수 없다. 판단력의 원리는 경험적 법칙들의 일반 아래에 있는 자연사물들의 형식에 관해서는 다양한 자연의 합목적성인 것이다. 자연은 이 합목적성에 의해 마치 어떤 하나의 오성이 다양한 자연의 경험법칙들을 통일시키는 근거를 포함하고 있는 것처럼 표상된다.

개념과 원칙을 사용하여 특정한 경우와 법칙을 해석하고 판정하는 일은 규정적 판단력이 수행한다. 자연의 현실적 체계는 무수히 많은 단일한 사실과 특정한 인과법칙을 포함하기 때문에 이들 가운데 어떤 것도 선험적 논증에 의해 확립될 수 없다. 칸트에 따르면, 자아와 대상의 경험이 가능하기 위해서는 어떤 가능한 비직관적인 오성도 자신의 감관에 주어진 질료를 어떤 법칙에 따라서 종합해야 한다. 인과의 법칙이나 실체의 지속성의 원칙과 같은 자연과학의 선천적 원칙들은 현실적으로 종합의 규준이 되는 이런 법칙들이라 하겠다. 자연은 그 세부사항에 있어 그것의 특수한 법칙들을 체계적 구성의 요청 안에 두고 있다.

판단력의 판단들 간에 가로 놓인 대립이 변증론의 내용을 이룬다. 대립된 판단들이 자기의 판단을 보편적 규칙으로 삼으려 할 때 변증론이 성립된다. 따라서 미의 변증론이 아니라 미적 판단에 관한 변증론인 것이다. 모든 미학이론들이 미적인 판단에 근거하고 있음에도 불구하고, 결국 모든 미적인 문제는 개인적인 취미의 문제임이 틀림없다. 이런 까닭으로 어떤 미적 이론도 일반적 타당성을 가질 수 없다는 주장은 성급한 결론일는지도 모른다.[37] 판단력에 근거한 판단은 단지 현상을 파악하는 데에 그치지는 않는다. 칸트는 주관적이지만 보편성을 요구하는 판단능력을 취미라고 한다. 취미는 원래 보편성을 띤 것이 아니라, 본질적으로 개인적이고 개별적이며 특수한 성격을 지니고 있다. 하지만 취미는 자신이 내린 판단이 보편적일 것을 기대하며 또한 요구한다. 특히 반성적 판단능력으로서의 취미 판단은 공통감을 전제하고 있기 때문이다.

III
'에스테틱'의 의미[38]

1. 들어가는 말

시대구분상 근대는 중세에 비해 비교적 혹은 보다 더 새로운 시대neuere Zeit에 맞는 내용을 많이 담고 있지만, 특히 서구지성사에서 에스테틱Ästhetik[39]이라는 새로운 분과 학문의 출현에서 그 특징이 두드러진다고 하겠다. 지각의 개념에 대해 플라톤은 비판한 바 있는데, 이에 대한 응수로서의 감관지각의 이론은 무엇보다도 에스테틱의 영역에 새로운 문제의 지평으로 들어오게 되었다.[40] 오성의 학인 논리학이 추론적인 인식 능력을 다룬다면, 감성의 학인 미학은 직관 능력으로서 감정과 상상력을 다룬다. 이론이성인 오성은 개념적인 것, 법칙적인 것, 합리적인 것의 영역을 다루는 반면, 감성의 출발점은 비개념적이고 비합리적이고 비법칙적인 영역이다. 이렇게 보면 감성이 오성보다 저급하고 혼연하며 열등한 것처럼 보이지만, 바움가르텐은 감성을 이성과의 유비적 관계에 둠으로써 양자 간에 우열을 다투기보다는 감성만이 지니고 있는 그 성격의 독자성과 자율성을 어느 정도 인정한 셈이다. 이를 두고 바움가르텐은 감성적 인식의 완전성이라 말한다. 감성적이되 완전한 말은 시어詩語이며, 그 구성 요소가 감성적 표상의 인식을 매개한다. 감성적인 말이 완전하면 할수록 감성적 표상에 있어 더 많은 구성요소들을 일깨운다.[41] 그 구성 요소들은 에스테틱의 독자성과 자율성의 확보에 크게 기여한다.

칸트는 그의 『순수이성비판』에서 감성의 모든 원리들을 선천적으로 규정하는 학문을 '선험적 감성론'이라고 말하면서, 바로 이 '감성론'이라는 명칭에 긴 주석을 달고 있으니, 인용해보면 다음과 같다. 즉, "독일인들은 다른 국민들이 '취미 판단'이라고 표현하는 바를 나타내기 위하여 에스테틱이라는 말을 현재 사용하는 유일한 국민이다. 이 말을 사용하게 된 근거는, 탁월한 분석가인 바움가르텐이 [그의 저서 『에스테티카Aesthetica』(1750)에서] 지녔던 그릇된 희망에 있었다. 그는 미美의 비판적 평가를 이성적 원리 가운데 포함시키려 했거니와, 미의 규칙을 학^學으로까지 높이려고 했으나, 헛된 노고에 그치고 말았다. 왜냐하면 고안해낸 규칙이니 기준이니 하는 것은 그 주요 원천에서 볼 때 경험적이라 하겠고, 따라서 우리의 '취미 판단'이 가리키는 것은 결코 선천적으로 규정적인 법칙이 될 수 없으며, 오히려 '취미 판단'이 규정적인 법칙의 정당성에 대한 진정한 시금석이 되기 때문이다. 그러므로 [취미 판단이라는 뜻에서의] 에스테틱이라는 명칭을 다시 사용하지 않고 그 말을 진정한 학인 감성론을 위해서 보류함이 좋겠다(그렇게 함으로써 고대철인이 사용한 그 말과 그 말의 뜻에 접근하게 되겠다. 고대인이 인식을 지각된 것 혹은 감각된 것aistheta과 사유된 것noeta으로 구분한 일은 유명하다).* 그렇지 않으면, 그 명칭을 사변철학과 더불어 사용하거나, 때로는 에스테틱을 선험적 의미로 때로는 심리적인 의미로 취하거나 한다"(*K.rV*, A 21=B 35).

이 무렵의 칸트는 에스테틱이라는 말을 독일인들이 취미 판단의 의미로 사용하는 것에 대해 회의적인 태도를 보이고 있다. 왜 그가 회의적인 태도를 보였을까? 위의 인용에서 보듯이, 아마도 추측건대, 경험적이라 할 취미 판단을 에스테틱이라는 이성적 원리와의 관계에서 파악하려는 일이 잘못이라는 이유 때

---

* 대괄호 친 부분은 초판에서 빠져 있던 것이며 재판에서 부가된 것임.

문일 것이다. 이에 앞서 칸트는 『논리학』(1765)에서도, "에스테틱은 다만 취미의 비판이고, 어떤 규준을 갖지 못하며, 단지 [판정을 내리는 데] 본보기가 될 뿐"[42]이라고 말한 바 있다. 여기에서도 칸트는 말하기를, 에스테틱은 학이나 원리가 될 수 없다는 입장을 취하며 단지 실례로서 이야기하고 있을 뿐이다. 다시 말하자면, 본보기나 실례는 어떤 규준에서 부여되는 것이 아니라 경험적으로 마련되는 것이다. 에스테틱은 판단을 규정함에 있어 논리학의 경우처럼 어떤 선천적 원리를 부여하는 것이 아니라 단지 후천적인 법칙들을 수용하여 서로 비교하고 일반화하는 것이다. 그렇다면, 이른바 탁월한 분석가로 알려진 바움가르텐이 사용한 에스테틱의 의미는 무엇이며 칸트는 어떤 근거에서, 학적 위치로까지 끌어올리려는 바움가르텐의 시도를 '그릇된 희망'이라고 아주 부정적으로 보면서도 또한 유보적인 태도를 취하는 이중성을 보이고 있는가? 에스테틱이 학學의 한 분과로 된다는 것은 무엇을 뜻하는가? 그리고 칸트는 이 말을 어떤 의미로 사용하고 있으며, 마침내 제3비판서인 『판단력비판』을 제출하지 않으면 안 되었는가를 살펴보기로 한다. 또한 에스테틱의 인식론적 의의를 밝힘은 칸트철학의 건축술적 체계 구성과도 연관되는 일이거니와 '선천적인 종합판단은 어떻게 가능한가'로

압축되는 선천적·후천적, 분석적·종합적 대칭구도를 넘어 비판적 종합을 보여주는 것이기도 하다. 이는 앞서 2장에서 살펴본 바와 같다. 다음으로 감성적 인식문제 및 취미판단과 관련하여 에스테틱의 의미를 고찰해보기로 한다.

2. 감성적 인식으로서의 에스테틱

에스테틱의 라틴어인 에스테티카aesthetica는 감각하다, 지각하다는 뜻을 지닌 희랍어 아이스타노마이aisthanomai로부터 유래한다. '에스테틱'이란 말은 예술이나 미에 일반적으로 적용되면서 철학의 한 분야가 되었다. 이 말은 바움가르텐이 1735년, 자신의 『시에 속하는 몇 가지 문제에 대한 철학적 성찰Meditationes philosophicae de nonnullis ad poema pertinentibus』에서 하나의 새로운 학으로 요구하고 나면서부터 보편적으로 사용되었다. 1742년 철학사에선 처음으로 오데르 강변의 프랑크푸르트 대학에서 그는 '에스테틱'이라는 교과를 강의했다. 그리고 1750년에 라틴어로 된 미완의 '에스테티카'를 출간했다. 새로운 학은 그 성립에 비추어볼 때, 특히 서구철학에 있어 자의식의 중요한 변혁과 연관하여 포괄적인 역사적 의미를 지닌 하나의 사건이라고 하겠다.[43]

로기카logica를 이성학 혹은 논리학이라고 한다면, 에스테티카는 감성학이다. 바움가르텐은 에스테틱을 가리켜 자유로운 예술론theoria liberalium artium, 저급한 인식론gnoseologia inferior, 아름다운 인식의 기술ars pulchre cogitandi, 유사이성의 기술ars analogirationis 등 여러 명칭으로 다양하게 부르지만 이 모두를 통틀어 한마디로 감성적 인식의 학scientia cognitionis sensitivae이라 한다.[44] 특히 유사이성이란 사물들의 일치와 차이를 인식하는 저급 인식 능력, 감성적인 기억력, 무엇인가를 꾸며내는 능력, 판단 능력, 비슷한 경우들을 예상해내는 능력, 감성적 기호 능력 등으로서 이성이 수행하는 인식 능력과 유사한 능력을 아울러 지니고 있다.

  감성적 인식이라 했을 때, 바움가르텐이 예술론이나 아름다운 인식에 연관하여 말하긴 하지만 주로 감성적인 현실 경험을 성찰한 것이라 여겨진다. 그리고 감각의 활동을 오성을 위한 자극이나 소재로서가 아니라 인식의 독립된 형식으로 진지하게 다룬다.[45] 데카르트에 의하면, 논리적이고 이성적으로 파악된 것만이 진리일 수 있다. 데카르트에 있어 확실하고 의심할 여지없는 판단을 세울 수 있는 인식은 명석하고 판명한claritas et distinctio 인식뿐이다. 그는 주의를 기울이는 정신에 대하여 현전現前하면서도 분명한 태도를 취할 것과 극히 명확하고 다른 모든 것들과 구별되어 그 자신 안에 명석한 것 외에는 진리에 아무것도 포함하지 않을 것을 요청한다. 이렇듯 명석하고 판명한 기준에 맞지 않는 감각이나 감정, 상상력 등은 오류의 원천이 된다. 라이프니츠에게서는 표상된 사물을 재인再認할 수 없을 때는 그 인식은 애매하며, 다시 확인할 수 있을 때는 명석하다. 또한 사물들을 다른 사물들과 구별하기 어려울 때의 인식은 혼연하다. 라이프니츠는 각각의 인식이 갖는 성격에 따라 어둡고 혼연한 최하의 단계로부터 명석하고 판명한 최상의 단계에 이르기까지 인식 등급을 나눈다. 특정 사태를 다시 의식에 떠올리는 경우에는 명석한 인식이 되며 그렇지 못한 경우에는 어두운 인식이 된다. 어떤 사태가 그와 유사한 다른 사태들과 구별이 가능한 경우는 판명하고 그렇지 못한 경우는 혼연하다. 어떤 것이 지닌 특성을 설명하고 분석하여 식별해낼 수 있을 때 판명한 인식이 된다. 이렇게 볼 때, 대체로 예술가의 인식은 혼연하며 과학자의 인식은 판명하다. 명석하고 판명한 인식은 완전하고 능동적이며 자발적이고, 혼연한 인식은 불완전하고 수동적이며, 수용적이다.[46]

바움가르텐은 자신의 저술 『형이상학Metaphysica』 519절부터 533절에 걸쳐 저급한 인식 능력에 관하여 길게 논의하고 있다.

나의 영혼은 인식 능력을 지니고 있는바, 어떤 경우는 애매하고, 다른 경우는 혼연하다. 애매성은 저급한 인식의 경우이고, 명석성은 인식의 더 높은 단계에 해당한다. 혼연성은 더 작고 협소한 경우이고, 판명성은 더 크고 더 높은 경우다. 저급한 인식 능력은 애매하고 혼연하며 판명치 않다. 판명하지 않는 인식은 감성적이다. 나의 영혼이 지닌 힘은 저급 인식 능력에 의해 감성적인 표상들을 생생하게 그려낸다. 나는 사물들의 몇몇 특성들을 판명하게, 다른 특성들을 애매하게 표상한다. 명석한 특성의 표상은 판명하고, 애매한 특성의 표상은 감성적이다. 혼연성과 애매성이 어느 정도 섞여 있는 경우에도 판명하다고 할 수 있으며, 판명성이 어느 정도 내재되어 있는 경우도 감성적이라 하겠다. 감성적 인식과 표현 혹은 묘사의 학이 에스테틱이다. 이는 저급 인식 능력의 논리학이요, 우아와 시신詩神의 철학이며 저급인식론 혹은 아름다운 사유의 기술技術, 이성과 유사한 사유의 기술技術이다.

바움가르텐은 저급한 인식 능력들에 감각sensus, 구상력 imaginatio, 통찰력 혹은 분별력perspicacia, 기억력memoria, 시를 지어내는 능력facultas fingendi, 앞을 내다 보는 능력praevisio, 판단력 judicium, 기대 혹은 예감 능력praesagitio, 기호를 부여하는 능력

facultas characteristica 등을 포함시키고, 이른바 고급 인식 능력에는 지성intellectus과 이성ratio을 포함시켰다. 미적 합리성과 학적 합리성은 서로 다른 인식 능력이 아니라 논리적 차원, 즉 논리성에서 두 가지 합리성의 견본으로서 구분될 뿐이다. 학적 합리성은 그 목표를 일반자의 논리학에 두고 있다. 그것은 경험으로부터 받아들인 다양한 것을 일반적 개념 아래 포섭하여 질적으로 단일한 것을 추상해낸다. 이에 반해 미적 합리성은 특수하고 개별적인 것을 목표로 삼는다. 미적 합리성은 구체성의 합리성이다. 학적 합리성은 사용한 개념들을 단순화하여 요소 개념 혹은 기본 개념으로 만든다. 예술은 기본 개념을 추구하는 학적 이성과는 달리 많은 표상들을 자유롭게 설정한다. 미적 합리성은 경험과 세계해명을 위한 패러다임이다. 인간은 정신적·감성적 존재다. 그러므로 미적 패러다임과 학적 패러다임이 다같이 필요하다. 인간 인식을 추론적 합리성으로만 환원하려 든다면, 감성을 넘어뜨리는 오류를 범하는 셈이 된다.[47] "감각의 완전성에 관한 혼연한 판단은 감각 판단이라 불린다. 그것은 감각을 통해 환기되는 바에 일치하는 감관기관에 준거한다."[48] 이러한 혼연한 판단은 프랑스인들이 취미라고 부르는 것이다. 이는 오로지 감각과 관련하여서만 그렇게 표현할 수 있다고 바움가르텐은 말한다. 그에게서 감성적 판단 능력이 취미다. 바로 바움가르텐의 이 입장에 대해 칸트가『순수이성비판』초판의 주석에서 처음엔 헛된 희망이라고 하여 회의적인 반응을 보였다가 나중에 그 가능성을 수용한 사실은 주지하는 바와 같다.

시는 철학과의 만남을 통해 철학적 시학으로 전개되면서 시어詩語인 감성적인 말을 완전성으로 이끄는 학이 된다. 그러나 말을 함에 있어 우리는 공기의 진동을 통해 소리로 전달받는 감각적 표상들을 받아들이는 까닭에, 시인에게서의 시적인 철학은 저급한 인식 능력을 가정하게 된다. 사물들을 감성적으로 인식할 경우에 이 능력을 완전성으로 이끄는 일은 이제 일반적인 의미에서의 논리학의 과제일 것이다. 그럼에도 우리들의 논리학을 알고 있는 자라면, 이 영역이 얼마나 손대지 않은 채로 남아 있는지 자세히 알 것이라고 바움가르텐은 말한다. 하지만 논리학이 자신의 고유한 정의로 인해 실제로 자신 안에 가두는 아주 좁은 한계를 긋는다면, 이 일은 어떤 것을 철학적으로 인식하는 학이나 진리를 인식하는 데에 고급 인식 능력을 이끄는 학을 위해 도대체 타당한가? 그렇다면 철학자들에게 다음과 같은 기회가 주어질 것이다. 즉, "특별한 이득 없이는 또한 이러한 기술들을 탐구하지 않으며, 그들이 저급 인식 능력들을 다듬고 세련

되게 하여 세상 사람들이 더 행복하고 유용하게 사용할 수 있도록 하는 것이다. 심리학이 확고한 원리들을 부여하고 있으므로 우리는 저급 인식 능력을 이끄는 학 또는 어떻게 어떤 것을 감성적으로 인식할 수 있는 학이 있을 수 있다는 사실을 의심하지 않는다."[49]

에스테티카는 저급인식론으로서 감성적 인식의 영역이며, 인식 능력 일반을 이끄는 넓은 의미의 논리학의 일부다. 바움가르텐은 에스테티카를 끌어들임으로써 기존의 논리학의 좁은 영역을 넓혀 인식 영역을 확장한 셈이다. 저급 인식 능력으로서의 에스테티카는 예술 일반에 관한 학적 토대를 마련하는 것이다. 그리하여 에스테티카는 예술적 인식과 평가 및 판단에 관한 원리를 제공하는 학이 된다. 논리학에 비해 감성을 주축으로 하는 예술론은 저급하고 혼연함에도 불구하고 그 나름의 공감할 수 있는 인식적인 토대를 마련한 셈이다. 이성은 아니지만 이성의 모방으로서, 즉 유사이성으로서의 감성적 인식은 이성의 내포적 명석성과는 다른 외연적 명석성을 지닌다. 이는 칸트에게서 개념적 인식과 직관적 인식으로 구분되는 바와 같다. 바움가르텐이 유사이성이라 말하는 것은 사물들 간의 공통점을 인식하는 하위 능력으로서의 기지나 재치, 사물들 간의 차이점을 인식하는 하위 능력으로서의 명민함 혹은 통찰력, 감성적인 기억, 시詩를 지어내는 능력, 판정 능력, 비슷한 경우들을 예견 혹은 예기하는 것, 감성적 기호 능력 등을 말한다.[50]

에스테틱이 추구하는 목표는 감성적 인식 그 자체의 완전성이다. 미는 그러한 완전성을 뜻한다. 불완전한 감성적 인식의 경우는 추醜다. 바움가르텐이 말하는 완전성이란 여러 부분들과 다양한 것을 결합하여 조화를 이루는 것이다. 완전성은 미적 사고를 사유思惟와의 일치 혹은 화합을 통하여 이루어진다. 에스테틱과 더불어 바움가르텐은 더 이상 논리학으로 환원될 수 없는 감성적 인식을 철학의 체계로 끌어들였다. 이와 동시에 바움가르텐에게서 논리학은 합리성 혹은 이성이 취했던 독점권을 상실하게 되었고 일부는 에스테틱과 공유하게 되었다. 그런데 공유하더라도 감각이나 느낌은 이성이나 오성의 감독과 지도 아래에 있음을 바움가르텐은 분명히 했다.[51] 사람은 에스테틱과 더불어 감각하고 느끼며 세계와 관계를 맺는다. 바움가르텐의 『형이상학』에서 완전성 개념은 여러 부분들과 다양한 것이 결합을 통하여 조화와 질서를 이루는 것이다.[52] 미는 감성적 인식의 완전성을 에스테틱의 목표로 끌어올린다.[53] 시인이나 예술가가 미적으로 무엇을 제작하는 일은 자연과 관련되는 것이며, 세계에 관한 완전성과 통일성을 산출하는 것이다. 시인과 예술가는 미적 세계를 그 완전성에 있어, 철학에 의해 추상적으로 파악된 세계와 관계를 맺도록 한다.[54]

바움가르텐의 에스테틱은 주관성으로의 전향과 제 예술의 인식적 근거를 제공함으로써 철학과의 관계에서 그리고 세계 개념과의 관계에서 체계적 의미를 부여해준다.[55] 바움가르텐은 예술을 논리학에 부가된 철학의 한 교과인 에스테틱의 대상으로 삼는다. 논리적 진리와는 달리 미적 진리는 볼프Ch. Wolff(1679-1754)적 의미에서 이성을 유비적으로 적용하는 것으로서analogon rationis 파악된다.[56] 또한 바움가르텐에게서 미적 진리는 논리학의 유추로서 유사이성의 기술ars analogi rationis로서 유지된다.[57] 논리학은 아니지만 논리학과 일정한 비례 관계를 유지하여 그 역할을 보완하여 수행한다는 말이다.

주의력이나 기억에서 비롯되는 감성적 인식은 이성의 모방이요, 이성과 유사한 어떤 것이다. 기억해내는 일은 이성의 역할에 가깝다. 이성은 파악된 연관 관계의 근거와 결합되어 있다. 기억은 단지 사실상의 연관 관계를 산출해낸다. 여기서 결합이 문제가 되는 한, 이성과 유사하다는 사실이 중요하다.[58] 사물의 현상 형태는 선천적 근거에서 해명되지 않으면 안 되며, 오직

그 경우에만 진실에 합당하게 파악된다. 그에 반해 감관 자료
는 감각에서 단지 경험적 연관 속에서 통합된다.[59] 미적으로 행
하는 모든 노고의 기준이 되는 점은 자율적인 주관의 구성이다.
즉 사회적·개인적 해방을 촉진하는 것으로서의 미학이다.[60] 에
스테티카는 유사이성의 논리학이고, 이성론은 추론의 논리학이
다. 유사이성의 역할을 감성이 수행한다. 감성이 이루어내는 완
성은 바로 에스테티카가 가르치려는 것이다. 바움가르텐에게서
의 감성은 저급한 인식 능력보다 상급한 인식 능력을 이루는 전
체다. 감성 능력은 결합을 불명료하게 표상하는 영혼 능력의 복
합이다.[61]

인식 능력의 저급한 부분들을 통해 얻게 되는 표상들은 감성
적이라 불린다. 이를테면, 시는 감성적 표상의 통일이다. 여기
서 통일, 연관, 인식가능성의 개념은 거의 동시에 발생한다. 통
일이 없는 곳에는 또한 어떤 다름도 없으며, 진정한 완전성, 즉
다양함 속에서의 통일도 없게 된다. 혼연함 그 자체가 시적인
것은 아니다. 통일, 즉 감성적 표상들의 결합에서 시적인 것은
비롯된다. 물질적인 완전성의 상실은 동시에 형이상학적 진리
의 상실이다. 바움가르텐은 추상을 통해 상실하게 된 것을 상세
하게 기술한다.[62] 물질적인 완전성을 가능한 한 적게 상실하도

록 예술가는 배려하고 염려해야 한다.

미적으로 진실하다는 것은 감각을 통해 혹은 구상력을 통해 진실하게 파악되는 것을 뜻한다. 이성이 아니라 유사이성이 미적 진리의 원천이다.[63] 미를 현상하는 완전성으로 정의하는 것은 형이상학적이고 객관적이다. 이러한 정의의 형이상학적 객관주의는 에스테티카를 논리적 객관주의로 정의하는 것에 대한 전제가 된다. 감성적 인식의 완전성은 하나의 방향이요, 길이다. 개체 혹은 개별자로 이끌어 한정하는 이 길은 미적 대상으로 이끌게 된다. 이 대상은 내부에서 파악되는 것이지 외부에서 파악되는 것이 아니다. 바움가르텐에게 에스테틱은 한갓 객관적 형식론도 아니고, 영혼의 진행 과정을 해부한 것도 아니며, 미의 형이상학도 아니다. 그것은 새로운 어떤 것으로서 미적 대상 일반에 관한 철학적 훈련이요, 새로운 교과다.

바움가르텐에게 미적 대상은 취미와 마찬가지로 개별적이다. 그리하여 보편학과는 구별되는 예술의 과제가 분명히 인식된다. 왜냐 하면 예술의 출발점은 구체적이고 개별적인 것으로부터 이루어지기 때문이다. 미적 객체는 학적 대상이 아니다. 그럼에도 그것은 대상이다. 그렇다면 그것은 어떠한 대상인가? 그것은 주체의 의향에 맡겨진 대상이 아니라 이성과 유사한 방식으로 규정된 대상이지 않으면 안 된다. 다시 말하자면 미적 대상은 개별성을 법칙성과 결합한다. 법칙성과 결합된 개별성이다. 그리하여 미는 감성적 인식의 완전성이 된다.

미적인 것의 논리성은 미적 합리성에 대한 바움가르텐의 규정이며, 이것은 인간 인식 능력에 대한 인식론적 분석으로부터 나온다.[64] 미적 합리성은 감성적 혹은 저급 인식 능력을 통해 이루어진다. 감성은 인식의 자율적인 영역을 구성해야 한다. 그것은 합리적 인식의 전 단계일 뿐 아니라 특수 합리성을 구체화한다. 미적 인식은 명석하지만 판명하진 않다. 추리적인 혹은 논증적인 합리성과 비교해보면, 미적인 것은 비규정적인 것으로 나타난다. 그러나 단지 지각과 비교해보면 충분히 규정적인 것으로 나타난다. 이에 근거하여 바움가르텐은 미적 규정성의 이론을 전개해나간다. 이것이 곧 개별적인 것의 논리다. 개별적인 것 혹은 개별자의 논리학은 미적인 것의 합리성 유형을 그 추론적인 논리학의 맥락에서 펼친다. 개별자는 논리적인 것과 미적인 것 사이의 특별한 종차differentia specifica로서 타당성을 얻게 된다. 학적 합리성의 보완으로서의 미적 합리성을 말하며, 바움가르텐은 미적인 것에 특유한 합리성을 일반적으로 '유사이성'이라 부른다.

철학적 인식은 본질적으로 원리에 관한 인식이다. 바움가르텐이 미학의 원리로서 감성을 철학의 영역에 도입하고자 할 때, 철학에 도입된 개념을 확장하지 않으면 안 된다. 바움가르텐은 『성찰*Meditationes*』에서 철학과 시라는 서로 상반되는 두 영역을 시의 철학으로 결합하여 다룸으로써 인식영역의 확장을 시도한다. 아이스테타aistheta로 되돌려지는 저급 인식 능력의 논리학이라는 새로운 학은 감성에서 그 원리를 발견하고 저급 인식 능력에 일치하는 기관을 갖게 된다. "감성적 인식의 완전성이라는 규칙의 학과 그 특색은 미의 학이다. 그리고 그것은 저급 인식 능력의 개선을 다룬다."[65] 미적 지평은 인식 능력으로서의 감성을 통해서 구성되며 이때 감성은 물론 오성과 이성의 지배를 받게 된다. 하지만 이성의 지배는 더 이상 이전처럼 독단적인 전횡을 하지 못한다.[66] 유사이성을 통해 조직된 미적인 것은 물론 학적 의미에서의 합리성과 똑같은 것은 아니지만 그럼에도 그 자체로서 합리성을 구체화하며 상호연관성을 갖는다.

3. 취미 판단으로서의 에스테틱

칸트에 있어 에스테틱의 내용은 취미에 관한 판정이요, 비판이다. 미에 관한 비판적 판정은 이성의 원리 아래 포섭되지 않는다. 그 규칙은 단지 경험적일 뿐이다. 그것은 선천적으로 규정된 법칙에 봉사하지 않으며 취미 판단에 순응할 뿐이다. 감성적 인식론인 에스테틱은 감성 일반의 규칙에 관한 학이다. 그것은 감성 혹은 감정 인식에 근거한 철학이다. 다시 말하자면 취미 판단의 비판으로서 미적으로 판정을 내리는 조건들에 관한 이론이며 일반적으로 선천적·주관적인 전제들이다. 판단력의 선천적 원리들에 관한 비판적 탐구는 미적인 판정과 연관된다. 미적 판단력으로서의 취미 능력에 관한 칸트의 연구는 취미의 육성과 도야를 목적으로 한 것이 아니라 선험적 의도를 보이는 것이다(*KdU*, Vorr.IX). 선험적 비판은 판단력의 선천적 원리로서 취미의 주관적 원리를 전개하고 그것을 가능한 경험의 장에 적용하여 정당화한다.

미의 분석은 미적 판단의 분석이며, 이는 취미 판단의 문제다. 취미에 관한 객관적 원리란 애초부터 없다. 즉 그러한 조건 아래에서 대상의 개념을 포섭하는 근본 명제는 없다는 말이다. 칸트는 미적 판단이 지니는 특수성을 판단의 성질, 분량, 관계 및 양상의 네 계기에 따라 나누어 미의 분석을 수행한다. 우리는 어떤 것에 대한 감성적 인식을 위해서 오성에 의하여 표상을 객체에 관련시키는 것이 아니라, 그 표상을 구상력에 의하여 주관의 쾌 혹은 불쾌의 감성에 관련시킨다. 그런데 이때 구상력은 아마도 오성과 결합되어 있을 거라고 칸트는 추정한다. 대체로 인식 판단은 오성에 의하여 표상을 객체에 관련시키는 논리적 판단인 것이다. 하지만 취미 판단은 논리적 판단이 아니다. 그 것은 감성적이고 그 규정 근거가 주관적이다. 취미란 일체의 관심을 떠나서 만족 또는 불만족에 의하여 대상의 표상 양식을 판정하는 능력이다. 또한 취미 판단은 대상의 현존에 관해서는 무관심하고 오직 대상의 성질을 쾌 혹은 불쾌의 감정과 결부시키는 데 지나지 않는 판단이다. 그런 까닭에 그것은 주체의 표상이요, 주관적 표상이 된다.

미란 개념을 떠나서 보편적인 만족의 객체로서 표상된다. 취미 판단에서 표상하는 만족의 보편성은 단지 주관적인 것이다. 미적인 것은 객체에다 개념의 근거를 두고 있지 않으면서도 보편성을 지닌다. 이때의 보편성이란 판단의 객관적 양을 내포하는 것이 아니라 주관적 양만을 내포한다. 이는 주관적 보편타당성을 갖는다. 논리적 양의 측면에서 모든 취미 판단은 전칭 판단이 아니라 단칭 판단이다. 취미 판단 자체가 모든 사람들의 동의를 요청하는 것은 아니다. 취미 판단은 이러한 동의를 규칙의 한 사례로서 모든 사람들에게 요구한다. 즉 다른 사람들의 찬동을 기대한다. 보편적 찬동이란 하나의 이념으로서 구성적이라기보다는 규제적이다.

취미 판단의 세 번째 계기는 미를 목적의 관계에서 고찰하는 것이다. 어떤 개념이 그 객체 혹은 대상에 대해 갖는 인과성이 바로 합목적성이다. 취미 판단의 기초는 대상이나 대상의 표상 방식이 합목적성의 형식에 있다는 것이다. 취미 판단은 미적 판단이며 주관에 근거하고 있으므로 이 판단을 규정하는 근거는 개념일 수 없다. 미적 판단은 어떤 객체가 표상에 의하여 주어질 경우에 그 표상을 오로지 주관에 관계시킬 뿐이다. 그리고 대상의 성질을 알려주는 것이 아니라 대상과 관계하는 표상력이 대상을 규정할 때의 합목적적 형식만을 알려줄 뿐이다.

취미 판단의 네 번째 계기인 양상에서 보면, 취미 판단은 주관적 필연성을 주된 특색으로 한다는 것이다. 미란 개념을 떠나 있기는 하지만, 필연적인 만족의 대상으로서 인식된다. 그것은 이론적·객관적 필연성이 아니라 모든 사람의 동의를 구하는 원리며, 바로 공통감의 이념이다. 이 공통감에 근거하여 우리는 감정을 보편적으로 전달할 수 있다. 이러한 공통감을 인정함으로써 취미 판단은 성립하게 된다. 취미 판단에서 사유되는 보편적 동의의 필연성은 주관적 필연성이지만, 공통감의 전제 아래서는 객관적인 필연성으로 표상된다. 취미 판단은 개념에 기초를 둔 것이 아니라 감정에 기초를 둔 것이기는 하나, 이것은 사적인 개인의 감정이 아니라 공적인 성격을 지닌 공통감인 것이다. 공통감은 경험에 기초를 둔 것이 아니라 가능한 경험에 기초를 둔 것이다. 칸트는 공통감이라는 원리를 인식 능력의 자유로운 유희에서 작용하는 것으로 본다. 그는 이를 판단 행위에 있어 인식 능력의 조화로운 만남의 가능성으로 본다.[67] 우리가 서로 다른 감정을 지니고 폐쇄된 공간에 갇혀 있는 것처럼 보이지만, 실은 공통감으로 인해 정서나 감정의 보편적인 전달이 가능하며 열린 공간을 지향한다. 칸트는 공통감을 심리학적 근거가 아니라 인식 능력의 보편적 전달 가능성의 필연적 조건으로 상정한다. 이는 가능성을 통해 경험 세계, 즉 현상계를 확장한다는 뜻에서 선험적인 조건인 셈이다.

칸트에게서 인식 가능성의 기준은 보편적 전달 가능성이다. 여기서 주목해야 할 점은 '가능성'이라는 것이다. 이러한 가능성이 곧 경험 이전의 것과 경험 이후의 것을 이어주는 연계고리의 역할을 수행한다. 이성과 유사한 역할을 수행하는 감성적 판단력이 취미다. 취미는 우리로 하여금 다른 사람들이 마음에 들어

하는 것을 마치 선천적으로 그러하듯 판단할 수 있게 한다. 규정적 인식이 모든 사람에게 타당하며 보편적으로 전달 가능한 것처럼 취미 판단은 보편적으로 전달 가능한 심적 상태다. 인식과 판단은 거기에 수반되는 확신과 더불어 보편적으로 전달될 수 있어야 한다. 또한 인식이 전달될 수 있는 것이어야 한다면, 심의 상태도 보편적으로 전달되어야 한다(*KdU*, 제21절, 65쪽).

칸트에게서 취미 판단의 '학'이 곧, 에스테틱이다. 취미의 판단 혹은 비판은 주어진 표상에서 오성과 상상력의 상호 관계를 규칙에 맞추어 보는 일에서 시작한다. 따라서 에스테틱은 두 인식 능력의 일치 혹은 불일치를 규칙에 맞추어, 이 인식 능력을 그 조건의 견지에서 규정하는 기술 혹은 학이다. 또한 비판이 그러한 판정의 가능을 인식 능력 일반으로서의 이 능력들의 본성으로부터 도출한다면 그것은 학이 된다. 우리가 여기서 다루는 바는 전적으로 선험적 비판으로서의 이 후자뿐이다. 학으로서의 이 비판은 취미의 주관적 원리를 판단력의 선천적 원리로서 개진하고 정당화하여야만 한다(*KdU*, 제34절, 144쪽). 선험적 감성론은 감성이 선천적인 표상을 포함하기 때문에 선험철학에 속한다. 그것은 우리에게 대상으로 주어지는 조건을 확정해준다(*KrV*, Einl. VII). 한마디로 말해, 칸트의 근본 입장은 미에 관한 학은 없고 단지 미에 관한 비판 혹은 판정만이 있을 뿐이라는 것이다. 무엇이 미인가에 대한 논리적 증명 근거가 없다는 점에서 학적이 아니라는 것이다. 그러나 학적 합리성이 없다는 것이 곧 학적 합리성을 부인하는 것은 아니며, 칸트는 이와 유사한 미적 합리성을 도입하여 인식영역을 넓혔다는 점에서 처음엔 회의적인 태도를 보였던 바와는 달리 바움가르텐의 근본 주장과 같은 입장을 취하게 되었다고 하겠다.

4. 맺음말

바움가르텐은 에스테틱을 감성적 인식론이라는 하나의 새로운 철학 교과로 설정하고 학계에 도입했다. 칸트는 이러한 에스테틱을 판단력비판으로 이끈다. 그는 미적 판단에 대한 판단의 가능성과 타당성에 대한 조건의 선험비판적 문제를 제기한다. 그리하여 에스테틱은 취미 판단의 비판으로 나타낸다. 미적 합리성의 개념은 미적 경험의 총괄 개념이다.[68] 미적인 것의 완전성은 미적 종합의 결과로부터 나온다. 미적 형상물에서 사물들은 조화와 질서의 연관 속에 생생하게 그려진다. 감성은 미적 종합의 토대가 된다. 미적 합리성의 토대는 감성에 있다. 그것은 완전한 것을 감성적으로 체험할 수 있게 하는 능력이다. 세계는 미적인 주체를 통해 새로운 방식으로 눈앞에 나타난다. 미적인 것의 기관인 유사이성을 통해서 개념적이고 범주적인 세계 해명과 세계 도식화는 나오게 된다. 세계 해명을 바로 잡아주고 넓혀주는 한, 미적인 것은 세계 해명의 과정을 원칙적으로 보류하면서 이미 친숙하게 된 세계 모습이나 사회적으로 지정된 세계상으로부터 해방된 거리를 허용한다.

바움가르텐에게서 논리적·학적 합리성과 미적 합리성의 관계는 서로 보완적 성격을 갖는 것으로 파악된다. 논리적·학적 합리성은 형식적 완전성을, 미적 합리성은 실질적 합리성을 목표로 삼는다. 미적인 것은 형식적·논리적 완전성으로 환원되도록 위협을 받는다. 형이상학적 진리는 형식적 완전성뿐만 아니라 실질적 완전성도 포괄하므로 미적인 것은 전적으로 형이상학적 진리에만 도달하지 않는다. 인식의 한 양태로서 미적인 것은 그 자체 형식적인 것을 받아들여야 한다. 그리하여 그 자신 안에 계기로서의 추상을 포함하게 된다. 바움가르텐에게서 미적인 것의 주체중심 철학의 정당성은 인간 감성의 분석에서 비롯된다. 인간 감성은 특수한 합리성을 보증한다. 이는 미적 진리의 기관으로서 유사이성이다. 미적 합리성은 의미 연관을 이룬다.[69] 미적 형상물은 인간 감성의 산물이다. 바움가르텐에 따르면 예술은 현존하는 세계의 형이상학적 진리를 산출해내는 것을 과제로 삼고 있다. 예술은 우주의 아름다운 질서를 모방하면서 이러한 진리를 명시한다.

미적 합리성을 주체중심의 철학적 근거에서 볼 때, 감성적 인식이라는 개념은 논리적·개념적 오성 활동만이 세계 인식을 보증해주지는 않는다는 사실을 말해준다. 오히려 외연적 명석성을 지향하는 미적 합리성이 정당한 인식의 패러다임이 될 수도 있다. 그리고 그것의 기관이 유사이성이다. 감성적 인식에서 미적 종합은 우리들 일상적인 경험과 개념의 생산적인 재구성을 보장해준다. 일상적인 것의 그릇된 가상은 생산적인 미적 종합을 통해 분명해진다. 바움가르텐에 의해 미적 합리성의 기관으로서 맨 처음 받아들여진 유사이성에 부여된 시작詩作하는 능력 facultas fingendi의 본질적인 자격은 현존하는 것을 넘어서고 미적인 것을 라이프니츠가 말하는 세계 형이상학과 결합하는 일이다. 미적인 세계는 현존하는 세계를 유비적으로 구성하여 가능의 세계와 연결한다.

감성으로부터 미적인 것에 대한 주체중심 철학의 파생은 일상적 현실의 생산적 재구성으로서의 감성 및 이에 일치하는 세계 해명으로 해석될 수 있다. 이는 개념적 범주화를 깨뜨리는 토대로서 기능한다. 미적 경험을 통해 감성은 고유한 인식 능력으로서 활동하는 한편, 오성의 횡포로부터 벗어나 오성이 사물에 가하는 속박을 느슨하게 풀어준다. 미적 합리성은 개념을 통해 경험이 이끄는 바를 벗어나게 하기 때문에 인간의 경험 능력을 다시금 자유로이 가능하게 한다. 철학의 시선을 감성적 인식 양태라는 특수한 업적을 위해 다양하게 열어놓은 일은 바움가르텐의 공적이라 하겠고, 이를 체계적으로 완성한 인물이 칸트다. 이들 양자는 이성에 비해 상대적으로 감성을 중요시하는 포스트모던의 시대에 현대 감성론의 이론적 토대를 제공해주었다고 하겠으며, 또한 서구이성의 일면성에 대한 비판적 보완으로서 감성에 대한 논의는 불확실성과 불확정성, 다양성과 다원화가 심화되고 있는 21세기적 상황에 시의적절한 화두가 되기에 충분하다고 하겠다.

Ⅳ
공통감과 사교성[70]

1. 들어가는 말

지난 세기의 100년 동안에 걸쳐 인류가 이룩하거나 겪은 변화의 폭은 그전 1000년 동안의 변화를 합한 것보다도 컸다고 한다. 이런 변화조짐은 앞으로도 계속될 전망이다. 그러나 우리는 변하는 것과 변하지 않은 것이 공존하는 동시대에 살고 있다. 그리고 이 양자는 서로 연관 속에 있다. 변하지 않은 정체성 속에서 변하는 역동성을 찾고, 또한 변하는 역동성 속에서도 변하지 않는 정체성을 찾기 위한 노력이 새로운 해석이요 이해라 한다면, 칸트 미학은 이러한 시도를 위한 보고寶庫임이 틀림없다.

칸트 사상의 형성과정을 보면 그의 『판단력비판』으로 가는 지적 노력을 볼 수 있는데, 무엇보다도 칸트 사상의 중요한 특징 가운데 하나를 건축술적 체계성(KrV, A832, B860)에 있다고 할 때, 공통감과 사교성社交性, Geselligkeit의 문제는 그의 사회철학 혹은 정치철학에의 연결 시도를 엿볼 수 있는 용의주도한 작업이라고 할 수 있다. 우리가 잘 알고 있듯이 칸트 미학은 미의 본질에 대한 해명이 아니라 미의 판정능력에 대한 탐구이며, 나아가 취미를 위한 규칙들을 수립하여 예술에 있어서의 기준들을 세우는 일이다.[71] 1763년 칸트의 글인, "부정적 크기의 개념을 철학에 도입하는 시도"를 전후하여 방법론적으로나 구체적인 형이상학적 문제의 토론에 있어서나 중요한 분수령을 맞게 되는데,[72] '아름다움'과 '감성적인 것' 사이의 대비를 미에 대한 객관주의적 이론을 견지하면서도 미에 대한 감정적 반응의 개별성, 주관성을 염두에 두는 칸트의 태도를 엿볼 수 있다. 칸트가 미의 객관주의 입장을 표방하면서도 개별성과 주관성을 늘 염두에 두는 태도에 그의 독특한 미적 태도가 있다고 하겠으며, 이러한 문제지평은 공통감과 이의 확장으로서의 사교적 영역에서 만나게 된다.

이른바 공통감은 감성적 인식의 혼연함을 드러내게 되는데, 이는 감성계의 고유한 인식론적 위상과 그것의 인식적 판명함의 관계에서 인식의 지평을 넓힐 수 있게 된다. 이는 앞에서 논의한 바와 같이, 바움가르텐이 말하는 이성의 유비 혹은 유추로서 감성을 해석하고 있는 것과 연관하여 그 의미가 크다고 할 것이다. 감성적인 진리는 가상적인 방식으로 존재하는 진리이다. 여기서 허용된 가상은 거짓이 아니라 비진실 또는 비진리이다. 또한 감성적 가상을 인식하는 관찰자가 대상에 대해 무관심한 방식으로 만난다고 했을 때에 가상과 무관심의 관계는 실제적, 이론적인 것과의 분명한 거리를 뜻한다. 이때, 가상개념은 무관심성을 전제한다. 감성적 진리가 즐거움을 동반하며, 통일성을 지각하고 완전성 개념의 내적 구조에 의존한다고 볼 때, 이는 감성적 이미지들이 이루는 독특한 질서원리의 결과로 보인다. 감성적 이미지들은 공통감의 원리에 근거한 사교성의 문제를 담고 있다. 여기에서는 미적 판단의 근간이 되는 감성의 문제를 인식의 관점에서 논의하고 그 공통의 기반이 되는 공통감의 이해를 통해 사교성의 의미를 적극적으로 드러내고자 한다. 아울러 이때, 감성을 근거로 하는 미적 판단은 논리적 판단과 어떻게 다르며, 또한 그것은 어떠해야 할 것인가를 밝히고자 한다.

2. 감성적 인식으로서 공통감

감성론 혹은 감성학이란 감관기관에 의해 지각되는 것에 관한 이론적 탐구이다. 감관기관에 의해 지각된 것은 곧 감성적인 것으로서, 이는 개념적 사고에 의해 파악된, 명석하고 판명한 이성적인 것에 비해 혼연하고 저급한 것으로 받아들여진다. 라이프니츠나 볼프의 사상적 흐름을 이어받은 바움가르텐에 이르러 이성적 인식에 관한 학인 논리학에 상대되는 것으로서 감성적 인식의 학인 감성학이 등장하게 되었음은 이미 앞서 고찰한 바와 같다. 논리학의 중심문제가 진위판단을 전제로 한 진리탐구의 문제라면, 감성학의 인식목표는 궁극적으로 미적 탐구인 것이다. 추상적, 개념적 사고를 통해 얻어지는 이성적 인식에 대해, 감각이나 지각 등 사물의 직접적 작용에 의해 주어지는 대상인식을 감성적 인식이라 한다. 감성적 인식은 감각, 지각, 표상이라는 세 가지 형태로 구별된다. 감각은 사물이 감각기관에 미치는 작용의 결과로 얻어지는 대상의 개별적 특성의 모습이다. 지각은 이러한 감각의 복합으로 얻어지는 대상의 객관적 관계에 대한 인식으로서, 이를테면 공간지각, 시간지각, 운동지각 등을 말한다. 감성적인 인식에서 출발하여 추상적 사고를 통해 이성적 인식으로 나아가며, 인간의 인식은 이 양자의 끊임없는 상호전환과 보완의 과정을 거쳐 발전한다. 인간의 감성적 영역에 대한 새로운 평가는 특히 근대미학의 성립에서 이루어진다. 인간의 감성적 능력이 이론이성에 비해 열등하고 일시적이며 주관적인 것이라는 편견에서 벗어나, 이론이성의 방식과는 다르게 이념적 보편성에까지 도달할 수 있는 능력이 되었다. 감성적 주체의 정립은 수학적으로 틀 지워진 협소한 이성개념으로 인간을 규정하려는 추상적 합리주의에 대한 저항에서 시작되었다. 감성의 학으로서의 미학은 추론적인 사유능력인 오성과는 다르며 하위인식능력이다. 그럼에도 오성만으로는 도달할 수 없는 보편적인 가치영역을 담당하는 자율성을 지닌다. 바움가르텐에 있어 유사이성으로서의 감성학은 인간의 비합리적인 영역과 이성적 합리성의 영역을 매개하고 결합한다. 이런 점에서 감성적 능력이 오성보다 저급한 능력이라 하여 폄하하기보다는 오히려 미적 인식과 연관하여 독자적인 영역과 성격을 갖는다고 보아야 할 것이다.

오늘날 감성에 관한 다양한 논의가 여러 맥락에서 이루어지고 있는바, 원래 감성은 근대 서구의 철학에서 이성(실천이성) 또는 오성(좁은 의미의 이성, 즉 이론이성)과 더불어 인간심성이 지닌 대표적인 인식 능력 가운데 하나로 여겨졌다. 이론이성은 자연현상에 대한 개념적 인식이며, 실천이성은 인간의 자유의지에 바탕을 둔 실천적 인식이다. 이렇듯 서양철학에서의 감성문제는 이성과의 관계 속에서 자리매김 되고 있다. 우리가 대개 사용하는 이성이라는 용어는 이론이성을 일컫는다. 이성은 개념을 자발적으로 구성하고 이것을 토대로 세계를 인식한다. 감성은 이성의 자발성에 비하여, 감각을 매개로 하여 외부 대상을 받아들이는 능력, 즉 수용성을 지니며, 인간의 유한성을 나타낸다. 그것은 인간과 대상세계를 이어주는 원초적 유대로서 인간 생활의 기본적 영역을 최초로 열어주는 역할을 한다. 즉, 감성에 의해 대상이 우리에게 받아들여지며, 오성에 의해 대상은 우리에게 인식된다. 인간인식의 대상들을 주어지도록 하는 조건으로서의 감성은 인식의 대상들을 생각하도록 하는 조건인 오성보다 앞서 있다(*KrV*, A.16). 말하자면 선천적인 조건인 것이다.

세계의 본질이나 궁극적 근거를 묻는 전통적인 형이상학에서는 감성의 독립된 영역을 인정하지 않고 다만 정신이 밖으로 드러난 것으로 보고, 정신의 관점에서 파악하려 한다.[73] 이론적 인식에 있어서 감성은 이성적 사고를 위해 감각적 소재를 제공하고, 실천적 도덕적 생활에 있어서는 이성이념의 일방적인 지배를 받으며, 미적 인식에 있어서는 자신의 순수한 모습을 나타냄으로써 인간적 삶의 상징적 의미를 지니게 된다. 따라서 감성은 인간 인식 능력의 여러 영역을 매개하면서도 독자적인 영역을 지니는 아주 독특하면서도 중요한 부분이라 하겠다.

흔히들 말하는 감성과 이성의 이분법적 사고 위에서 이성주의나 감성주의를 일방적으로 나누는 일은 인간이 지니고 있는 인식 능력의 전체 모습을 파악하는 데 그르치는 일이 되고 말 것이다. 감성과 이성의 진정한 관계를 이성의 감성화나 감성의 이성화라는 상호연관 속에서 모색하는 일이 중요하다. 문맥적 관점에서 보면, 이성과 감성은 인식체계에 내재한다. 인간경험의 문맥적 이해란 감성의 이성화이다. 어떠한 감성적 경험도 언어적인 것이고 그리하여 어떠한 감성도 이성화의 대상이 된다. 이를테면 예술에 대한 언어적 접근도 좋은 예라 할 것이다.[74] 감성의 활동을 통해 인간은 삶의 현장에서 경험과 직접 만나게 되며 세계를 인식하게 된다. 이는 특히 문화예술의 영역에서 우리가 피부로 느낄 수 있는 바이다.

데카르트에 의하면 사유하는 존재로서의 주체에게 있어 이성적 진리란 명석하고 판명한 인식을 말한다. 따라서 명석하고 판명한 기준에 적합하지 않은 감각, 감정, 상상과 같은 것들은 오류의 원천이 되는 것으로 본다. 라이프니츠에 있어서도 인식이란 판명성의 정도에 따라 최하위의 어두운 단계로부터 최상위의 신적 인식의 단계에까지 연속적인 서열을 이루고 있으나, 이런 단계는 편의상 설정된 것이지 근본적으로 상이한 것은 아니라고 하겠다. 따라서 이에 의하면 데카르트에서처럼 우리들의 의식 위에 떠오르지 않는 표상이라 하여, 이를 존재하지 않는 것이라 함은 잘못이다.[75]

감성적 인식의 학인 에스테티카는 감성적인 표상, 즉 판명하지 않고 혼연한 표상 전체의 학문이다. 판명한 표상들을 대상으로 하는 학은 논리학이다. 바움가르텐이 말하는 혼연함이란 어떤 사태의 표징들이 혼란스럽게 뒤섞여 있다는 뜻이 아니라 이 표징들이 서로 긴밀하게 융합되어 있다는 말이다. 볼프에 따르면 감각, 상상력, 시를 짓는 능력, 기억은 인식 능력의 하위부분에, 주의력 깊음, 반성, 비교, 추상抽象의 능력들은 오성에 속한다고 한다.[76] 바움가르텐이 유사이성이라 부르고 있는 하위인식 능력들의 구조는 사물들 간의 공통점을 인식하는 하위능력, 사물들 간의 차이점을 인식하는 하위능력, 감성적 기억, 시작능력, 판정능력, 비슷한 경우들의 예견, 감성적 표출능력[77]으로 이루어진다.

이론적 인식은 통일성을 지향하되, 감성적인 것은 직접적인 경험으로서 삶의 풍요로움과 다양성을 지향한다. 칸트는 자신의 교수취임논문인 「감성계와 예지계의 형식과 원리De mundi sensibilis atque intelligibilis forma et principiis」(1770)에서 『순수이성비판』의 핵심사상의 일부를 이미 포함하고 있거니와, 특히 감성계의 다양성과 예지계의 통일성의 상호 관계에 대해 논의한 바 있다. 통일과 종합을 이루기 위한 전제는 지각의 다양성이며, 특히 그의 『순수이성비판』의 '선험적 감성론'에서 감성의 순수한 형식으로 시간과 공간을 말한다. 시간과 공간은 사물이 존재하기 위한 근본조건이며, 무엇인가를 지각하기 위한 필요조건이 된다. 따라서 모든 인식의 기저에 놓인 것이 직관적 인식으로서의 감성적 인식일 수밖에 없다.

바움가르텐은 감성의 권리를 옹호하면서도 감성을 속박으로부터 벗어나게 하려는 것이 아니라 정신적인 완성으로 이끈다. 그는 감각주의와 이성주의 사이의 대립을 넘어서고, 이성과 감성 간의 새로운 생산적 종합을 꾀했다.[78] 바움가르텐에게서 감성은 합리적 인식의 전 단계일 뿐 아니라 그 자체가 특수한 합리성을 구현한다.[79] 감성적 인식의 학문인 에스테티카는 감성적인 표상들 전체를 대상으로 하는 학문이다. 확실하고 의심할 여지

없는 판단을 세울 수 있는 인식은 진리의 표징으로서 명석함과 판명함을 지녀야 한다. 그런데 예술가의 인식과 과학자의 인식을 비교해보면, 전자는 혼연하며, 후자는 판명하다. 예술가의 정서와 감정을 어떤 판단근거에서 보편적으로 인식할 수 있는가? 거기에 특유한 판단은 무엇인가? 이런 판단은 공통감의 전제 위에서만 가능하다. 미적 판단의 토대로서의 공통감은 공동체의 감각이다. 공동체의 감각은 그로 인해 야기된 감정을 공유하게 한다. 다음에 감정의 특성을 살펴보고, 이에 근거한 미적 판단의 문제를 살펴보기로 한다.

3. 쾌·불쾌의 감정과 미적 판단

미적 판단은 쾌와 불쾌 감정에 관련되기 때문에, 먼저 감정에 관한 고찰이 선결문제로 등장한다. 고유한 철학용어로서의 감정Gefühl이라는 말은 그림 형제Jakob & Wilhelm Grimm의 사전에 의하면[80] 17세기 말에 처음으로 등장하였다고 한다. 그 후 18세기에 들어와서 이 문제에 대한 반성적 고찰이 있었으며 도덕 감정이라든가 미적 감정 등으로 그 말의 뜻이 비교적 분명해졌다. 미적 감정과는 달리 도덕적 감정의 근거는 도덕적 이념에서 나온다. 칸트에 의하면, 취미를 확립하기 위한 참된 예비학은 도덕적 이념을 발견하고 도덕적 감정을 도야하는 데에 있다(*KdU*, 제260절, 264쪽). 물론 고대나 중세에도 감정에 해당하는 고유한 이름은 없었으며, 다만 쾌나 불쾌와 같은 심성상태나 사랑, 증오, 기쁨, 공포와 같은 심성의 움직임을 나타내는 말로 희랍어 파토스πάθος 혹은 라틴어 파시오Passio를 사용하였으며, 더 나아가 이와 비슷한 표현이라 할 아펙투스affectus나 아펙티오affectio를 사용한 듯하다. 칸트도 아펙트Affekt를 가리켜 감각을 통해 갑자기 일어나는, 저돌적이며 무계획적인 어떤 것이라고 말한다(*KdU*, 미적 반성적 판단의 해명에 대한 총주, 121쪽). 근대에 들어와서는 넓은 의미로는 심성의 움직임, 좁은 의미로는 격정이나 열정의 뜻으로 사용하였으며, 또한 감관의 감각이란 의미로도 사용하였다.

독일의 신학자이자 미학자이며 라이프니츠주의자인 에버하르트J.A.Eberhard(1739-1809)에 의하면 감정이나 감각은 그 의미가 유사하지만, 18세기 후반의 특출한 심리학자라 할 테텐스J. N. Tetens(1736-1807)[81]는 감정을 감각이란 말과 구분하면서, 감정은 감각보다는 더 넓은 범위를 지니고 있다고 했다. 그는 인식 능력의 모든 활동을 느끼는 것fühlen, 표상하는 것vorstellen, 생각하는 것denken으로 삼분하고 이에 따라 영혼능력을 감정, 의지, 오성으로 구분했다.[82] 그에 의하면 우리는 감정을 주관적인 활동 혹은 행위와 관련지으며, 감각을 객관적인 대상에다 관련 지울 수 있는데, 이는 타당한 구분이라 여겨진다. 대상화된 감각과는 달리, 감정은 우리 안에 그리고 우리를 향한 변화나 인상이 느껴지는 곳에 있다. 하지만 우리는 이것을 야기하는 인상을 통해 대상을 직접 인식하는 것은 아니다.[83] 여기에 감각과 감정의 독특한 면이 있다.

19세기에 감정이입 미학자인 립스Th. Lipps(1851-1914)는 인식론적인 입장에서가 아니라 심리학적인 입장에서, 감관기관을 통해 외부세계를 지각하는 것을 '감각'이라 하고, 인간의 내적인 것의 상황이라든가 움직임을 아는 것을 '감정'이라 칭하였다. 이렇듯 감정을 파악하거나 이해하는 일은 인간이 세계를 현재화하는 것이며, 현재라고 하는 시간 안에서 세계를 보는 독립적인 방식인 것이다.[84] 라이프니츠, 볼프 및 이들을 따르는 학파도 느낌 또는 감각이란 세계를 현재화하는 것이며, 이 세계에 대한 이러한 파악을 곧 감성적 인식이라고 한 바 있다. 이것은 바움가르텐이 주장하는바, 그의 예술이론의 중심을 이루는 유사이성類似理性, analogon rationis과도 관련되는데, 이는 바로 불합리한 것 혹은 비합리적인 것이나 혹은 있을 법한 것을 인식하는 문제와 연관된다. 바움가르텐은 비합리성의 근원을 주관적인 취미나 위트 등으로 보고 있으며, 이것을 판단하는 정당한 근거가 칸트에게서 마련되고 있다.

데카르트는 배고픔이나 갈증의 감각에 대해 '쌍띠망Sentiments'이라 했는데, 이는 라틴어 센수스sensus에 해당되며, 원초적인 상태의 감정을 말한다. 그에 의하면 격정 혹은 열정passion에 대한 물음은 바로 인간에 대한 물음으로 동일시된다. 이런 입장은 칸트에게로 이어진다. 칸트에 와서야 비로소 감정이론에 대한 철학적 물음이 실제로 나타나게 되고 이에 대한 적절한 지평이 열리며 인간에 대한 물음이 전면에 등장했다고 볼 수 있다. 이때 인간학적인 실마리가 이론의 전체적인 고찰을 위한 당연한 귀결로서 따르게 된다. 왜냐하면 무엇을 인식한다는 것과 무엇을 느낀다는 것은 동일하게 인간의 실존양식에 있어 없어서는 안 될 심성활동들이기 때문이다. 줄처J. G. Sulzer(1720-1779)는 인식의 주체로서의 사유와 그 사유가 실천되는 장場이라 할 행위 간에 매개적 위치를 '느끼는 일'에다 부여하고 있다. 이를테면 느낌이란 인식과 행위를 이어주는 관계적 기능을 한다는 말이다.[85] 그리하여 감정에 대한 반성은 동시에 주체 자신에 대한 반성이 되는 것이다. 즉 감정과 주체란 말은 하나의 동일한 본질로 환원

된다는 말이다. 왜냐하면 감정은 감각에 의해 촉발된다 하더라도 주체의 주관적인 활동이기 때문이다. 감정에 대한 이론적 작업은 감정을 객관화하는 인식의 지평을 스스로 실현하는 인간 존재, 즉 구체적이고 일상적인 실천[86]의 존재로 옮겨 놓는다. 이때 실천이란 느낌의 매개에 의해 이루어진 행위이며, 여기에 감정이 구체적이고 일상적인 실천과 직접 만나게 되는 이유가 있는 것이다. 따라서 감정을 제대로 파악할 수 있는 장소란 바로 인간의 자기 경험의 장이요, 삶의 활동무대가 된다. 이러한 활동무대에서 우리는 감정을 공유하며 공동체적 감각을 향유한다고 칸트는 지적한다.[87]

칸트에 의하면 경험이란 하나의 의식 안에서 여러 현상이 필연적으로 나타나는 한, 이것들의 종합적인 결합에서 생긴다.[88] 경험이란 특수한 대상에 대한 구체적 인식인 것이며, 이에 반해 일반적인 인식이란 다만 가설적 구성물에 지나지 않는 것이다. 칸트는 경험을 감관적 지각에 관계되는 대상의 인식이라고 말한다. 그에게 있어 인식의 대상이란 일반적인 규칙, 즉 범주에 의해 지각이 종합되면서 성립되는 것이고 그것은 일반적인 규칙에 따른 종합에서 온 성과라 할 것이다.[89] 일반적 규칙은 그것이 지각에 관계되는 한, 하나의 인식을 이끈다. 여기에서 우리의 주의를 요하는 점은 지각이 일반적 규칙과 이에 대한 하나의 인식을 이어주는 관계적 위치를 차지하고 있다는 데에 있다. 경험적 세계에 대한 인식은 시간·공간의 직관형식에 의하여 받아들여진 다양한 지각의 내용에 통일과 질서를 부여하는 순수 오성의 범주에 의해서 구성된다. 이러한 범주 및 이것을 직관적인 지각내용에 적용할 수 있는 바탕이 되는 '순수오성의 원칙'을 구성적 원리라고 하는데, 이 원리는 한편으로는 받아들이는 것으로서의 직관형식과 다른 한편으로는 한계를 정해주는 통제적혹은 규제적 원리로서의 이념으로 구별된다.

칸트는 유기적인 통일을 지니고 있는 기관器官들을 이미 전제로 해서 가능한 동물적인 삶과 이보다 높은 존재단계인 인간 삶으로서의 인간유기체를 구분하고 있는데, 인간유기체란 동물과는 달리 그 자체가 이미 직접적인 삶이라기보다는 삶의 반성으로서의 "삶의 유추ein Analogen des Lebens"(*KdU*, 제65절, 293쪽)인 것이다. 삶의 유추의 문제는 삶의 추체험追體驗의 문제와도 연관된다. 삶이란 욕구 능력의 법칙에 일치하여 행위하는 존재의 능력 일반인 것이며, 결국 삶 자체와 삶의 유추와의 구별은 곧 동물과는 구분되는 인간적인 특수성에 기인한다고 보이는데, 이는 다시 말하면 인간 감정의 특수성에서 비롯된다. 이는 바로 인간과 동물을 구별해주는 하나의 근거가 된다. 대상이 촉발시키며 또한 대상으로 하여금 촉발되는 감각은 이윽고 우리의 감정의 내용이 되며, 이것이 미의 판단과 관련될 때에는 곧 간접적이며 반성적이 되기 때문이다. 말하자면 미적 감정의 반성작용이 전달 가능하게 한다. 주체와 대상 간에 놓여 있는 관계가 객관적이며 대상중심적이라는 사실은 대상으로서 어떤 것을 아는 것이며 제1차적 의식이라 하겠고, 제2차적인 의식으로서의 미적 판단은 행위중심적이며 반성적이라 할 것이다. 이것은 삶에 대한 인식이나 인식 판단이라기보다는 삶에 대한 유추적인 구조인 것이다.

　이러한 유추적인 구조를 보편적으로 받아들일 만한 가능적 근거로서 우리는 판단의 문제를 고찰해야 하고, 이에 앞서 일반적인 경험에 이르도록 이끌어주는 판단의 전제인 감각의 의미를 살펴보아야 할 것이다. 칸트에 의하면 감각이란 사물을 통한 감성의 정감에 달려 있으며, 이는 의식의 수용성에 대한 주관적 반응인 것이다. 감각을 통해 우리는 우리 밖에 있는 대상을 인식으로 가져온다. 따라서 감각은 우리 밖에 있는 사물에 대한 우리들의 표상을 주관하며, 그것은 경험적 표상의 고유한 성질을 이룬다. 그것은 "감정의 순수한 주관적 규정이거나, 객관적 감관지각"이며, "대상을 표상하는 질료적 요소"(*KdU*, Einl, XL XLIII)이다. 이 질료적 혹은 실질적 요소에 의해서 어떤 현존하는 것이 우리에게 주어진다. 오스트리아의 현상학자인 란트그레베L. Landgrebe (1902-1991)는 칸트의 감각을 "우리가 대상에 의해 촉발되는 방식을 통해 표상을 얻는 능력"[90]으로 이해한다. 감각은 시간을 벗어나 있는 것이 아니라 늘 시간 안에서의 현상과 관계를 맺는다. 감각은 우리로 하여금 대상을 직관할 수 있게 하는 직접적인 재료인 것이며, 또한 "공간 속에서 직관되어져야 하는 것"(*KrV*, A.373)이니, 이를테면 시간과 공간에 걸쳐 있는 실질적이며 실재적인 것이라 하겠다. 그러므로 감각이란 우리가 시간 및 공간 속에서 현실적인 것으로 그 특징을 드러낼 수 있는 그 무엇이다. 즉 그것은 개념이라든가 순수사유 혹은 순수직관과는 구별되는 감관의 표상이요, 경험적 직관(*Anthropologie*, 제8절, 주해)이다. 이런 까닭으로 감각이란 그 본질에 있어 경험적인 실재 혹은 현실과 직접적인 관련을 맺고 있으며, 그것은 다름 아닌 대상이 우리의 감각기관에 미치는 영향인 것이고, 우리가 우리를 둘러싸고 있는 환경, 즉 세계와 직접적으로 접촉한 결과를 기술해준다. 감각은 자아와 세계가 일차적으로 소통하고 전달하며 교섭하는 방식이기 때문이다. 그리하여 감각은 "경험적 표상들[현상들]의 고유한 성질을 결정"(*Prolegomena*, 제24절)해준다. 여기에서 감각의 성질 그 자체는 경험적이며 주관적이다. 감각은 직관의 순수한 다양성과 관계하고 있으며, 현상이 비로소 일어나는 곳과도 관계를 맺고 있다. 감관대상을 감각함에 있어서 쾌나 불쾌를 고려하여 볼 때, 이러한 현상의 다양함은 더욱 두드러진다.

감관을 통해 심성에 와 닿은 쾌를 향수할 때는 수동적 혹은 수용적인 데 비하여, 도덕적 성질을 지닌 행위에 대해 만족을 느낄 때는 자기 활동적이며 자발적이다. 반성으로서의 미적인 쾌는 여하한 목적이나 근본명제 없이 구상력構想力을 통해 대상을 일반적으로 파악하며, 아주 일반적인 경험에 이르도록 하는 판단력의 처리방식에 결합되어 있다. 칸트에 의하면 하나의 의식 안에서 서로 다른 표상들이 파악될 수 있는 방식이 반성이다. 또한 판단력은 쾌 혹은 불쾌 감정의 구성적 원리를 선천적으로 내포하고 있다. 이렇게 판단력과 감정의 선천적인 내포관계는 칸트에게 있어 더 이상 환원되거나 해명될 수 없는 전제이자 한계로 보인다. 왜냐하면 그 근저에는 늘 경험에 앞서 주어지는 선천성이 깔려 있고, 이는 가능한 경험에까지 확장되기 때문이다.

미적인 쾌는 누구에게 있어서나 공통의 동일한 조건에 근거해야 한다. 왜냐하면 그것은 인식일반의 가능성에 대한 주관적 조건이며, 모든 사람에게 전제된 취미를 요구하는 인식 능력의 비례관계이기 때문이다. 이 비례관계는 인식 능력 자체 아래 판단력의 주관적 장치에서 오는 조화가 아니라 유기체의 통일로서 객관적으로 생각된 전체적 능력 상호간의 조화이다. 판단력은 주관적 관점에서 자신에 대한 반성을 위한 법칙을 지시해주며, 우리는 그것을 자연의 경험적 법칙들을 고려하여 자연의 특수화의 법칙이라 부를 수 있다(KdU, Einl, XXXIII). 그런고로 취미와 더불어 판단하는 일은 주관적 합목적성, 이를테면 각기의 다른 사람에게도 쾌적함을 주고 그의 감정이 일반적으로 전달할 수 있는 대상에서 오는 만족감이라 할 것이다(KdU, 제39절).

반성적 판단력은 경험적 인식의 다양함을 체계적으로 정돈하고 통일하려는 것으로 '자연의 기술 혹은 기교Technik der Natur'를 수행한다. 여기서 '자연의 기술'이란 제반 사물이 우리들의 판단과 맺고 있는 관계를 뜻하는데, 이 안에서만이 우리는 자연의 합목적성의 이념과 만날 수 있다. '기술'이란 여러 법칙에 따른 하나의 체계 안에서의 자연의 합목적적인 배치 혹은 배열인 것이며, 우리는 오성 안에서 이 원리와 만날 수 있는 것은 아니다. 물론 칸트는 판단에 관한 기술적 처리문제를 목적론적 반성행위에서 말하고 있으나,[91] 여기에서 제기된 문제의 해결은 자연과 기술 간에 놓여 있는 긴장관계가 어떻게 해결되느냐의 여부에 달려 있다. 판단력은 그 자신의 사용을 위해 다음과 같은 선천적인 원리를 상정하고 있다. 이를테면, "특수한 (혹은 경험적) 자연법칙들에는 인간의 자연법칙들을 결합하여 그 자신 가능한 하나의 경험을 이루도록 하는 법칙적인 통일성이 내포되어 있다. 이러한 법칙적 통일은 우리들에게는 물론 밝혀지지는 않지만, 사유될 수는 있는 것이다"(*KdU*, Einl. XXXIII). 이것은 곧 판단력의 선천적 원리이니, 즉 법칙적 통일에 의하여 우리는 다양한 자연법칙들이 경험이 아니라, '가능한 경험'으로 확장되고 종합될 수 있는 것처럼 생각해야 한다. 따라서 주어진 현상들을 자연사물들에 관한 경험적 개념 아래에 포섭시키기 위해 반성적 판단력은 주어진 현상들을 도식적으로schematisch 다루지 아니하고 기교적으로technisch 다룬다. 말하자면 마치 도구처럼 오성의 지도 아래 기계적으로mechanisch, 즉 인과적으로 다루는 것이 아니라, 자연을 하나의 체계 속에 합목적적으로 정리하는 보편적인, 그러나 동시에 부정적인 원리에 따라 기술적으로künstlich 다룬다는 것이다(*KdU*, EEV). 이것은 가능적 경험에 적합하며 우리의 판단력에 유리하기 때문이다.

4. 감정의 소통가능성과 사교성

미적 판단에 대한 보편적 동의나 요청의 근간으로서의 공통감이 사교성에 연결되는 고리가 되는 일은 칸트미학을 사회정치적 영역으로까지 확장할 수 있는 계기가 된다. 이를테면, 아렌트Hanna Arendt(1906-1975)는 정치적 활동 혹은 정치영역의 문제를 칸트의 실천이성의 원리가 아니라 판단이론, 특히 반성적 판단의 도움을 받아 전개한다. 칸트의 미적 판단력 개념은 보편적 원리가 존재하지 않은 가운데 개별적 사례를 다루지만, 개별사례의 범례적 타당성을 찾아 그 상호주관적 근거를 마련하게 된다. 칸트에게서 판단은 단지 실천되어질 뿐 가르쳐질 수 없는 독특한 능력이다. 판단은 특수자와 관련된다. 사유하는 자아가 일반자 사이에서 움직이다가 특정 현상들의 세계로 돌아갈 때, 정신은 그 특정 현상들을 다룰 새로운 능력을 필요로 한다. 이 새로운 능력인 판단력을 돕는 것은 규제적 이념들을 가진 이성이다.[92]

칸트의 관심은 종으로서의 인간의 미래이다. 서구지성사에서 역사의 과정이란 진보이며, 그 과정의 산물은 때로는 문화라고 불리기도 하고 때로는 자유라고 불리기도 한다. 이는 곧 "인간에게 의도된 최고의 목적, 즉 사교성"[93]을 산출하는 문제이다. 인간에 있어 사교성이란 어떤 인간도 혼자서는 살 수 없다는 사실, 즉 인간은 그들의 필요나 보살핌에서뿐만 아니라 그의 최고의 기능인 인간정신도 인간사회를 떠나서는 가능할 수 없다는 상호의존적인 존재임을 말해준다. 이처럼 칸트는 인간의 기본적인 사교성에 대해 주의 깊게 관찰하면서, 그것의 요소로서 인간이 소통해야 할 필요성을 뜻하는 소통가능성을 공통감과 연관하여 제시했다.

도덕적 존재로서의 인간에 대해서는 왜 인간은 존재하는가라고 물을 수 없다. 왜냐하면 인간 현존재는 최고의 목적 그 자체를 자신 속에 가지고 있는, 이른바 그 스스로 목적이기 때문이다(*KdU*, 제84절, 398쪽). 하지만 인간은 홀로 갇혀 있지 않으며, 다수의 인간존재로 인해 사교성이 필요하다. 다수의 인간은 공동체 안에서 살고 있으며 공통감, 곧 공동체적 감각을 지니고 있다. 또한 "계몽의 시대는 이성을 공적으로 사용하는 시대이다."[94] 따라서 자신의 이성을 모든 면에서 공적으로 사용하도록 만드는 일이 아마도 칸트에게도 필요했을 것이다. 철학적 타당성이 반드시 가져야 하는 것은 칸트가 취미 판단에 요구했던바, 일반적 소통가능성이거니와, 인간 자체와 관련된 모든 문제에 대하여

자신의 생각을 말하는 것은 인류의 자연스런 소명인 까닭이다.[95]

그런데 칸트에 있어 소통가능성을 이끄는 능력이 취미이다. 미적 대상을 경험하기 위한 필수조건은 소통가능성이다. 관찰자의 판단은 그것 없이는 어떠한 미적 대상도 등장할 수 없는 어떤 공간을 창조한다. 공적 영역은 행위자나 제작자가 아니라 비평가와 관찰자에 의해서 이루어진다.[96] 달리 말하면 공적인 영역이란 소통이 가능한 영역이다. 무엇으로 소통이 가능한가에 대한 답이 바로 취미였음을 앞서 살펴보았다. 취미문제가 곤란한 이유는 그 문제가 소통가능하지 않기 때문일 것이다.

미는 사회 안에 있을 때에만 우리의 관심을 끈다. 칸트의 예를 들어보면, "무인도에 버려진 사람은 자기 혼자서라면 자신의 움막이나 자기 자신을 치장하지 않을 것이다. 오히려 단지 인간일 뿐만 아니라 또한 자기나름으로 기품 있는 인간이고자 하는 생각은 오직 사회에 있어서만 그에게 떠오른 것이다"(*KdU*, 제41절, 163쪽). 사람은 어떤 대상에 대하여 다른 사람들과 함께 만족을 느낄 수 없는 상황에 대하여 만족하지 못한다. 공통감에 대해 말하면, 칸트는 가장 사적이고 주관적인 감각인 것처럼 보이는 감각 속에서 주관적이지 않은 어떤 것이 있음을 깨달은 셈이다. "우리는 우리의 취미가 다른 사람의 취미와 어울리지 않는다면 부끄러움을 느끼게 되고, 또 한편 우리는 놀이를 하다가 속이게 되면 자신을 경멸하게 되지만 들키게 되면 부끄러워한다고 말한다. 취미의 문제에서 우리는 다른 사람의 편이 되거나 다른 사람을 즐겁게 해주기 위해 자신을 포기해야 한다."[97] 이를테면, 맹자가 주창한 인성론과도 비교해 볼 수 있는바, 그의 사단설四端說 가운데 수오지심羞惡之心은 옳지 못함을 부끄러워하고 착하지 못함을 미워하는 마음을 이르는데, 이는 인의예지仁義禮智 가운데 의義에서 우러나오는 사회적 실천덕목인 것이다. 따라서 공통감은 이렇듯 사회적 실천 덕목의 바탕이 된다.

우리는 타인을 위해 우리의 특별한 주관적인 조건들을 극복하지 않으면 안 된다. 자신의 반성작용에 있어서 다른 모든 사람들의 표상방식을 사고해야 한다(*KdU*, 제40절, 157쪽). 비객관적인 감각들 가운데 있는 비주관적인 요소가 곧 상호주관성이다. 취미 판단은 늘 다른 사람들 및 그들의 취미를 성찰하는 가운데, 그들이 내릴 수 있는 가능한 판단들을 고려하게 된다. 나는 다른 사람들과 함께 하며 공동체를 이루는 한 구성원으로서 판단하는 것이지 초감각적 세계의 구성원으로서 판단하는 것이 아니다. 또한 나는 이성을 부여받은 존재들과 더불어 거주하고 있는 것이지 그러한 감각장치들과 함께 살고 있는 것이 아니다.[98]

이성과의 유비적인 관계에서 의미를 지니는 감성인 만큼 공통감은 공통적 감각의 이념이다.

감각은 지각의 실재적인 것으로서 인식과 관계를 맺을 때에 이를 감관의 감각이라고 한다(*KdU*, 제39절, 153쪽). 누구나가 우리의 감관기관과 같은 감관기관을 가지고 있다고 가정할 수 있기 때문에 감각작용이 일반적으로 소통가능하다는 것은 옳다. 공통감이란 모든 사람에게 아주 사적인 가운데에서 동일한, 이를테면 다른 감각들과 소통을 이루어 같은 감각이 됨을 뜻한다. 인간에게 공동인 오성은 어떤 사람에게 인간의 이름으로 요구할 수 있는 최소한의 것이다. 그것은 인간을 동물이나 신으로부터 구별해주는 능력이다. 이러한 감각 가운데 드러나는 것이 곧 인간의 인간성이다. 공통감은 특히 인간적인 감각인바, 의사소통의 매체로서의 언어가 거기에 의존하고 있기 때문이다. 우리는 요구를 한다거나 공포나 기쁨 등을 표현하기 위해 반드시 언어를 필요로 하지는 않는다. 소통은 몸동작이나 표정으로도 얼마든지 가능할 것이다. 이를테면, "광기의 유일한 일반적 증상은 공통감의 상실이며, 자기 자신만의 감각을 논리적으로 고집스럽게 우기는 것인데, 자신의 감각이 공통감을 대신한다"(*Anthropologie*, 53절). 광기狂氣는 미친 듯한 기미 또는 미친 듯이 날

뛰는 기질로서 소통의 단절을 가져오며, 이는 공유할 감각의 상실이요 단절이다.

공통감이라는 이름 아래 우리는 모두에게 공통적인 감각이라는 이념으로 이해해야 한다. 이는 사고 속에서 다른 모든 사람들을 재현하는 방식을 스스로의 반성 가운데 선천적으로 고려하는 판단기능으로서, 이 가운데 자신의 판단을 인간성의 총체적인 이성과 비교하게 된다. 이러한 것은 우리의 판단을 다른 사람들의 실제가 아닌, 가능하다고 생각되는 판단과 비교함으로써, 그리고 우리를 다른 사람의 자리에 놓음으로써, 우리 자신의 판단에 우연적으로 부여된 한계로부터 추상화함으로써 이루어진다(KdU, 제40절, 157쪽). 인간성의 이념은 공통적인 감각, 즉 공통감의 전제 아래 가능하다.

취미는 공동체적인 감각인데, 여기서 감각은 정신에 대한 반성의 결과를 뜻한다. 이 반성은 마치 그것이 감각작용인 것처럼 그리고 분명히 하나의 취미, 즉 차별적이고 선택적인 감각인 것처럼 나에게 영향을 미친다.[99] 사람의 공통적 감각이 자신의 심성의 확장을 가능하게 한다. 만일 사회에 대한 충동이 인간에게 자연스러운 것이라면, 그리고 사회에 대한 그의 적합성과 그에 대한 성향, 즉 사교성이 사회를 위해 운명 지워진 존재라고 할 정도로 인간에게 필수적인 것이라면, 그래서 그것을 인간성에 속하는 속성으로 인정한다면, 우리는 취미를 우리의 감정을 모든 다른 사람들과 소통할 수 있는 판단의 기능으로 간주해야 한다. 따라서 모든 사람의 자연적 성향이 욕구하는 것을 진작시키는 수단으로 간주하지 않을 수 없게 된다.

우리는 인간이 오직 이 세상 안의 존재인 한, 더불어 살 수 있는 바탕이 되는 성향으로서의 사교성이 인간의 본질이라는 사실을 알게 된다. 이것은 우리가 필요와 욕구를 위하여 동료인간에 의존하는 만큼 인간의 상호의존성을 위해서도 바람직한 일이다. 사람은 자신만의 관점을 벗어나 다른 관점에서 생각하고 느낄 수 있을 때에만 소통할 수 있다. 소통가능한 사람들의 범위가 넓으면 넓을수록 대상의 가치 또한 커질 것이다. 모든 사람이 어떤 대상에 대해 갖는 쾌감이 미미해서 그 자체로는 어떤 특정한 관심을 끌지 못하더라도, 그의 일반적 소통가능성의 관념은 거의 무한하다고 할 정도로 그 가치를 증대시킨다. 사람은 자신의 공동체 감각, 즉 공통감에 이끌려 공동체의 한 구성원으로서 판단을 내린다. 자유로이 행위하는 인격적 존재라 하더라도 혼자 외롭게 식사하면서 생각하는 사람은 점차 쾌활함을 잃게 되고 말 것이다.[100] 인간은 개인으로서가 아니라 유적인 존재로서만이 이성 사용을 지향하는 자신의 자연적 소질을 완전히 계발할 수 있으며, 인간은 사회 속에서만 자신을 인간 이상으로 느끼기 때문에 자신을 사회화하려는 경향을 갖는다.[101]

"경험적으로는 미는 오직 사회에 있어서만 관심을 일으킨다. 그리고 만일 사회에 대한 본능이 인간에게 있어서 본연의 것임을 우리가 받아들인다면, 사회에 대한 적응성과 집착, 즉 사교성은 사회를 만들도록 이미 정해져 있는 피조물로서의 인간의 조건에, 따라서 인간성에 속하는 특성임"(*KdU*, 제41절, 162쪽)을 우리가 받아들이게 된다. 하지만 아름다운 대상으로부터 오는 만족의 보편적인 전달가능성에 대한 칸트의 파악은 미적 경험의 선험적 징후를 아직도 보이고 있다. 왜냐하면 그는 경험에 의하지 아니하면서도 경험의 가능성에 대한 근거를 마련하려고 하기 때문이며, 위에서 언급한 바와 같이 자연의 기술 혹은 기교의 원만한 조화를 경험 속에서가 아니라 초감성적인 가상적假象的 이념에서 마련하고자 하기 때문이다. 그럼에도 칸트에 의하면 인간은 자기감정의 전달가능성, 즉 다른 사람과의 사교성 안에 더불어 같이 있는 존재로 규정된다. 여기서 사교성이란 말은 사회성이라는 용어보다는 사회적 가치지향의 측면에서 소극적으로 들리지만, 미적 정서를 사회 속에서 보편적으로 그리고 합리적으로 이해할 수 있는 실마리가 된다. 칸트는 이러한 전달가능성의 근거를 경험적으로나 심리학적으로 인간의 자연적이며 사교적인 경향에 의해서 설명할 수 있다고 본다. 인간의 사교적인 경향은 감성적 공통의 감각, 즉 공통감과 관련된다. 일찍이 아리스토텔레스가 인간을 가리켜 사회적 동물이라 말한 바와 같이, 만일 우리가 사회에 대한 본능을 인간에게 있어 본연의 요건이라 한다면, 우리는 취미를 우리의 감정조차 다른 모든 사람들에게 보편적으로 전달할 수 있도록 해주는 일체의 것을 판정하는 능력으로 간주해야 하며, 따라서 모든 사람들의 자연적 경향성이 요구하는 것을 촉진하는 수단으로 여기지 않으면 안 된다. 인간 본성에 내재되어 있는 동물적 성향이 기본적인 삶을 지탱해주는 본능적인 힘이라는 사실을 부인할 수 없지만, 인간은 학적 인식과 더불어 그리고 예술을 통해 심성을 가꾸며 도덕화하고 사회화한다(*Anthropologie* AAVII, 324쪽 이하). 도덕화란 곧 사회규범과 더불어 사는 사회화를 뜻한다. 말하자면 감관기관을 통해 우리는 현상으로서의 환경에 접하여 이를 느낄 수 있고 감정의 사교적 전달가능성을 통해 안녕과 행복의 상태에 다다를 수 있다. 이러할 때 감각은 그것의 경험적 연관체와 관련을 맺게 되는데, 감각은 인식을 위한 다양한 소재를 제공해주며 충족시켜 준다. 감성적 인식은 이성적 인식의 제한된 폭을 다양하게 넓혀주고 보완하는 일을 한다.

5. 맺음말

감각이 지각의 실재적인 것으로서 인식에 관련될 때에, 이를 두고 칸트는 감관의 감각이라고 부른다(*KdU*, 제39절, 153쪽). 우리가 우리의 감관을 통해 대상을 지각할 때 느끼는 것은 자발적이 아닌 수용적인 향수의 쾌감이다. 이에 반해 스스로의 활동의 결과 얻게 되는 쾌감은 어떤 법칙적인 합목적성을 드러내는 것이며, 이성을 매개로 하여 전달된다(*KdU*, 제39절, 154쪽). 미적 취미 혹은 교양이란 서로가 공유할 수 있는 일종의 공통감이다. 우리는 그것을 공통의 감각에 기인한 하나의 이념으로 이해한다(*KdU*, 제40절, 157쪽). 우리가 상식이라 일컫는 보통의 인간오성의 격률들도 취미 판단의 원칙들을 해명하는 데 도움을 준다. 자의적이지 않으며, 편견에 사로잡히지 않는 사고의 격률은 결코 수동적이지 않은 이성의 격률이다. 그것은 스스로 사유하며 법칙을 부여하는 오성의 격률과도 관련된다. 따라서 언제나 일관성 있게 사유하는 것은 이성의 격률이요, 오성의 격률이다. 다른 모든 사람의 입장에서의 사유는 보편적 입장에 따라 사유하는 격률인 셈이며, 이것은 판단력의 격률에도 어느 정도 적용된다.

지적 판단력보다는 미적 판단력으로서의 취미는 주어진 표상에 관하여 우리가 느끼는 감정을 개념이나 논리의 매개없이 선천적으로 판정하여 보편적으로 전달할 수 있는 능력이다(*KdU*, 제40절, 161쪽). 그러기에 이것은 지적 판단력이 아님에도 불구하고 거기에 버금가는 것이요, 한갓된 사적私的 감정이 아니라 공동체적인 성격을 띤 것이다. 공통감은 취미 판단의 주관적 원리이긴 하지만(*KdU*, 제21절, 64쪽), 그것은 보편적 의사소통 일반의 필연적이되 주관적인 조건이 된다. 우리는 공통감을 "심리학적 관찰에 입각하여 상정하는 것이 아니라, 우리 인식의 보편적인 전달가능성의 필연적인 조건으로서 상정하는 것이다"(*KdU*, 제21절, 66쪽). 이러한 필연적인 조건은 논리학에 있어서는 물론이거니와 어떠한 인식의 원리에 있어서도 전제된다고 하겠다. 그리하여 보편적으로 전달가능한 심성상태나 감정이란 반드시 공통감과 연관되며, 이는 미적 판단의 필연적 조건이자 그 전제가 된다.

취미는 그 능력의 행사와 존재를 선천적 원리에 의존하는 판단능력이다. 이때의 원리가 공통감이며, 보편적으로 전달가능하고 소통가능한 감정을 체험할 수 있는 능력이다. 그런데 공통감이란 하나의 감정이라기보다는 감정을 위한 능력이다. 왜냐하면 그것은 하나의 원리요, 규칙이며 이념이자 규범이기 때문이다. 그리하여 공통감은 한갓된 감정이 아니라 판단의 능력을 위한 객관적인 원리가 된다. 공통감은 공동체적 이념이기 때문에, 단지 감관의 경험에 적용하는 데에만 머무르는 것이 아니다. 칸트는 취미를 감성적인 공통감sensus communis aestheticus이라 하고, 우리가 보통의 인간오성이라 일컫는 상식을 논리적인 공통감sensus communis logicus이라고 부른다. 하지만 미 및 예술과 연관하여 감성적으로 공통인 근거를 마련한다는 점에서 미적 취미 또는 교양은 더욱 중요하다. 이는 바움가르텐이 물론 감성학의 학명學名을 자율적으로 부여하기는 했지만, 논리적인 것을 고급의 인식 능력이라 하고 감성적인 것을 저급의 인식 능력이라 한 데에서 진일보한 것이라 하겠다. 앞으로의 남은 문제는 공통감에 근거한 사교성을 더욱 확장하여 사회성으로 적극 수용하고 사회철학적 기반을 다지는 일이라 생각한다. 아울러 인문학적 차원에서의 감성 문제를 원래의 공통감적 특성을 유지하면서 과학적 객관성을 어느 정도로 마련해 보는 시도와도 결부된다고 하겠다.

V

미와 도덕성[102]

1. 들어가는 말

앞서 살펴본 바와 같이, 칸트는 『판단력비판』의 서론에서 자연계와 도덕계의 융합 내지는 화해를 위한 필요성을 강조하고 있다. 자연 영역과 도덕 영역 사이에 가능한 통로를 만들기 위한 시도로서 탐구한 영역이 바로 그의 미학이론이다. 다시 말하자면 자연 철학으로서의 이론철학과 도덕 철학으로서의 실천철학이 그의 미학으로의 전환을 통해 양자를 매개하는 전기轉機가 마침내 마련된다는 것이다. 나아가 미학으로서의 전환을 통해 칸트 철학은 비합리적인 것에도 의미를 부여하게 되거니와 이를 합리적인 것과 연관을 맺으며 해명하게 되었다는 말이다. 나아가 지나친 이성중심주의에 가해지는 일방적인 비난을 벗어나게 되었으며, 이성으로부터의 전통적인 속박을 부인하기에 이른다. 그의 사상의 중요한 특징을 우리는 주관주의나 형식주의 등으로 말할 수 있으나, 무엇보다도 특기할 만한 사항은 실천이성의 이론이성에 대한 우위이다. 도덕성으로 대표되는 그의 실천 이성과 미학의 관계, 즉 미와 도덕성의 문제를『판단력비판』의 중요한 논지를 중심으로 밝혀보는 것이 이 장의 의도이다.

이러한 관계를 모색하는 데 있어 중요한 단서가 되는 몇 가지 문제를 먼저 살펴보도록 한다. 첫째 칸트는 왜 숭고미崇高美를 통해 미의 판정 능력으로부터 숭고의 판정 능력으로의 이행을 시도하는가의 문제이다. 둘째 감각의 전달 가능성과 이것의 전제가 되는 공통감을 다루고 난 뒤, 공통감과 도덕성이 칸트에 있어 서로 어떤 관계에 있는가를 밝히는 일이다. 셋째 왜 미가 도덕성의 상징인가 하는 문제이다. 여기서 말하는 도덕성은 어떤 윤리규범이나 교훈에 관련되는 것이 아니라 인간성 및 감성에 관련되는 문제로서 미의 덕이다. 인간은 근원적으로 미덕을 사랑하고 악덕을 혐오해 왔다. 일찍이 칸트가 살았던 18세기의 모든 예술은 그 서로 다른 장르를 막론하고 거의 미덕에 대한 찬가讚歌라고 불러도 좋을 만큼 미덕을 두드러지게 드러내었다. 익히

아는 바와 같이, 미덕은 이성의 산물이라기보다는 감성의 산물이다.[103] 그러나 이때 감성은 이성과의 유비적인 관계로서의 의미를 지니고 있다. 여기서 유비類比나 유추類推란 사항의 수량적인 관계이며, 이는 언제나 구성적이기에 만일 비례하는 두 항이 주어지면 자연스레 제3의 관계항도 주어지게 된다. 이에 반해 철학적인 유추는 두 개의 수량적인 관계의 동등성이 아니라 질적인 관계의 동등성이다. 세 개의 항이 주어지면 제4항과의 관계를 인식할 수 있고 그 자체를 인식할 수 있는 것은 아니다(KrV, B. 222). 말하자면 논리적인 인식을 유비적으로 확장하여 세계 인식의 폭을 넓히는 것이다. 이는 상징에서 말하는 간접적인 현시와도 연결된다.

2. 숭고미와 도덕성

_ 숭고미의 등장

아름다운 것과 숭고한 것, 이 양자는 미의 범주로서 모두 그 자체 우리에게 만족과 즐거움을 준다. 나아가 아름다운 것과 숭고한 것에 대한 판단은 모두 감관적 판단이다. 양자는 논리적이고 규정적인 판단을 전제로 삼는 것이 아니라 반성적인 판단을 전제로 한다. 반성적인 판단을 통해 우리는 주어진 특수를 가지고 보편을 찾아갈 수 있으니, 특수와 보편, 개별과 일반, 주관과 객관의 관계를 새롭게 모색할 수 있다. 따라서 이 양자가 우리에게 주는 만족감은 쾌적한 경우의 감각처럼 전적으로 감관 기관에 의존하는 것도 아니고, 또한 선한 것으로부터 얻는 만족의 경우처럼 일정한 개념, 이를테면 실천적 개념이나 당위 혹은 규범에 의존하는 것도 아니다. 그런데도 그 만족은 역시 개념과 관계를 맺지 않으면 안 된다. 미적 판단의 변증론에서 논의하는 바와 같이, 이때 개념이 지니고 있는 의미의 이중성, 즉 개념의 양의성兩義性이 문제로 대두된다. 이 양의성에 대한 적절한 해명을 칸트는 그의 변증론에서 다룬다(KdU, 제55-57절). 어떻든 그 만족은 한갓된 현시나 현시 능력과 결합되어 있거니와, 그로 인해 이 현시 능력, 즉 구상력은 직관이 주어질 때, 오성의 개념 능력이나 이 오성 개념을 촉진하는 것으로서의 이성의 개념 능력과 조화를 이루는 것으로 여겨진다.

칸트에 의하면 이 두 가지 판단은 보편적인 전칭 판단이 아니라, 개별적으로 그리고 주관적으로 내리는 단칭 판단이다. 이 두 가지 판단이 요구하는 바는 대상의 인식이 아니라 쾌의 감정이지만, 그런데도 모든 주관에 대하여 보편타당함을 선언하는 판단이다. 그러나 두 판단 사이에는 현저한 차이가 있다. 자연의 미는 대상의 형식에 관계하며 이때 대상의 형식은 한정되어 있다. 그에 반해 숭고는 몰형식적인 대상에서 찾아볼 수 있으며, 이 경우 무한정성이 표상된다. 특히 미의 성질을 형식론적 입장에서 고찰해 보면, 전통 미학이 취미의 문제와 깊이 연루되어 있음을 우리는 알 수 있다. 반면에 숭고의 문제는 오늘날의 시각에서 이른바 포스트모더니즘의 문화에도 지대한 영향을 미친 것으로 보인다. 이를테면 자연에 대한 우리의 반응에서 그 압도적인 복합성에 직면할 때, 또한 주어진 틀이나 형식을 벗어난다는 의미에서 그러하다는 말이다.[104] 하지만 이 문제는 모던과 포스트모던의 경계를 어디까지는 단지 형식과 무형식, 정형과 무정형이라는 단순한 대비를 통해서 볼 때만 그렇다고 하겠다. 어쨌든 이러한 논의에 숭고론이 던지는 암시는 퍽 의미 있는 일로 생각된다.

이론이성으로서의 오성과 좁은 의미의 이성, 즉 실천이성 사이에서 미와 숭고가 어느 쪽에 더 가까운가의 문제와 관련하여 미와 숭고 간에 미묘한 차이가 드러난다. 미는 부정적不定的인 오성 개념의 현시라 하겠고 숭고는 부정적인 이성 개념의 현시라고 볼 수 있다. 여기서 양자에 공통된 '부정적'이란 말은 일정하지 아니함 또는 정해져 있지 않다는 뜻이며, 무규정적이라는 말과도 바꾸어볼 수 있다. 이는 '열려 있음'과 '자유'라는 인간학적 의미를 함축하고 있다. 만족은 미에서는 성질의 표상과 결부되어 있으나, 숭고는 분량의 표상과 결부되어 있다. 이때의 분량은 다시금 수학적인 것과 역학적인 것으로 나뉘어진다. 숭고와 미의 가장 중요한 내면적인 차이는 자연물들에게서 숭고만을 고찰해 볼 때, 자연미 그 자체가 만족의 대상이 된다는 점이다. 또한 우리의 내부에 숭고의 감정을 일으켜주는 것은 형식상 우리의 판단력에 대해서는 물론 반목적적反目的的이고, 우리의 현시 능력에는 부적합하게 보이며, 구상력에 대해서는 난폭한 듯이 보일지는 모르나, 그것은 그 때문에 더욱 숭고하다고 판단되는 것이다(KdU, 제23절, 76쪽). 적어도 외형상 숭고의 감정은 목적에 반하는 것을 포함하여 적합하지 못하고 때로는 난폭하게 보이는 것까지도 포괄한다.

미로부터 오는 만족은 우리의 생을 직접 촉진해주는 감정을 지니고 있으며, 이에 반해 숭고는 오직 간접적으로만 일어나는 쾌감이다. 숭고의 경우에는 생명력들이 일순간 정지되었다가 한층 더 강력하게 나아가는 과정에서, 이러한 감정으로 인해 발생하는 것이기 때문에 이차적이며 간접적이다. 이때 우리의 심의心意나 심성心性은 대상에게 끌려갈 뿐만 아니라 부단히 대상으로부터 반발하기도 한다. 그러기에 숭고감은 적극적인 쾌감보다는 감탄이나 경외敬畏의 감정을 내포하고 있으니, 이를 소극적인 쾌감이라고 부를 수도 있겠다. 그런 까닭에 우리가 자연의 대상들을 아름답다고 부르는 것은 정당하지만, 이를 숭고하다고 부르는 것은 적절치 못하다. 오히려 그러한 대상은 우리의 심의에서만 찾아볼 수 있는 숭고성을 현시하는 데 적합하게 된다. 예를 들면 폭풍우가 휘몰아치고 거대한 파도가 일렁이는 대양은 도무지 숭고하다고 부를 수 없다. 왜냐하면 우리가 그것을 바라보고 있노라면 숭고하다는 감정에 앞서 무섭고 섬뜩한 느낌을 갖게 되기 때문이다. 숭고한 감정을 가지려면 우리는 우리의 심의를 여러 가지 이념으로 가득 채워 두지 않으면 안 된다. 달리 말하자면, 보다 높은 차원의 합목적성을 내포하고 있는 이념에 관계하도록 자극을 받아야 한다는 말이다.

자연은 미의 감정과는 달리 그 현상의 혼동스러움과 복잡함, 무질서와 황폐함에서나 그 크기와 위력에서 숭고의 이념을 가장 많이 불러일으킨다고 할 것이다. 자연의 미에 대해서는 다만 우리 자신의 내부에서 찾아야 하지만, 숭고에 대해서는 그 근거를 우리의 외부에서 찾아야 한다. 이를테면, 자연의 표상에 숭고함의 감정을 불어넣는 우리의 심적 태도에서 그 근거를 찾아야 한다는 말이다. 그러므로 여기에서 중요한 것은 우리가 갖게 되는 어떤 심적 태도이다. 이런 맥락에서 볼 때, 숭고에 대한 우리의 체험은 이미 그 근저에 도덕성을 암시해 놓고 있음을 알 수 있다.[105] 왜냐하면, 숭고의 감정이란 본질적으로 도덕적 의식의 산물이기 때문이다. 이러한 도덕성의 암시야말로 미의 판정능력으로부터 숭고의 판정 능력으로의 이행이 왜 필요한가에 대한 아주 중요한 근거가 되는 것이다.

_ 자연미의 역동성과 도덕성

자연은 미적 판정을 내림에 있어 우리들에게 어떤 강제하는 힘을 갖지는 않지만 거대한 힘으로서 나타난다. 이 어마어마한 힘이란 커다란 장애를 압도하는 위력을 가리킨다. 어떤 강제력을 갖지는 않는다 해도 위력으로 나타나는 이 힘은 매우 역동적이다. 우리 앞에 낯설게, 위협으로 다가서 있는 자연의 변화무쌍함은 우리에게 늘 공포의 대상으로 남아 있다. 이들 앞에서 우리가 대처하는 물리적인 저항력이란 참으로 보잘것없고 빈약하다. 하지만 만일 우리가 안전한 곳에서 거리를 두고 이런 모습들의 장관을 향수하고 만끽할 수 있다면, 자연의 형상이나 대상은 더욱더 우리의 마음을 강하게 끌 것이 아닌가!

위력으로 나타나는 자연 대상이 우리의 마음을 강제하지 못하는 까닭은 무엇인가? 그 이유는 아마도 우리가 이들 대상과 어느 정도 심리적인 거리를 취하고 미적인 거리를 유지하고 있기 때문일 것이다. 이와 비슷한 경우를 아일랜드 출신의 영국 경험주의 미학자인 버크Edmund Burke(1729-1797)는 "위험이나 고통이 너무 가까이 있다면, 그것은 어떠한 기쁨도 줄 수 없을 뿐 아니라 다만 소름끼칠 뿐이다. 하지만 이들과 어떤 거리를 유지하고 있다거나 아니면 이들에게 어떤 제한을 가한다면, 우리가 일상에서 체험하는 바와 같이 기쁠 것이다"[106]라고 말한다. 원시 수렵사회에서 맹수에 쫓기는 사냥꾼은 생명의 위험이 경각에 달려 있었겠지만, 이런 장면을 암각화나 동굴 벽화에다 새겨놓아 마음에 여유를 갖고서 바라볼 때에는 위험에 떨기보다는 오히려 긴장미緊張美를 즐기며 생활의 활력소로 삼았을 것이다. 이런 활력소가 그들 삶을 유지할 수 있는 원동력이 되었을 것이다.

이렇듯 역학적 숭고의 경우에는 공포를 일으키는 것이 아니라 우리의 심성 내부에 어떤 힘을 불러일으킨다. 그것은 우리의 정신력을 일상적인 수준의 기대 이상으로 높여준다. 우리의 심성 내부에 전혀 다른 저항력이 있어서 이것이 우리에게 자연이 지닌 외관상의 절대적인 힘에 도전할 수 있는 용기를 준다. 즉, 그러한 까닭은 자연이 우리의 구상력을 고양시켜 주기 때문이다. 그리고 이는 자연의 사명에 비추어 볼 때, 우리의 심성이 자연에 특유한 어떤 감정을 자연에 대해서조차 우월하다는 사실을 스스로 인지하게 하는 경우이다. 다시 말하자면, 자연이 우리의 미적 판단에서 숭고하다고 판정되는 것은 그것이 공포를 일으키기 때문이 아니라 우리의 내부에 어떤 거대한 힘을 불러일으키기 때문이다. 그것은 바로 강제력이 아니라 구상력構想力의 고양高揚인 것이다(KdU, 제28절, 105쪽). 공포감이 경외의 감정으로 바뀌게 되어 공포의 대상인 자연이 실제로 공포감을 일으키지 않게 된다. 여기에 곧 자연과 인간이 갈등과 대립을 넘어서 화해하며 미적인 조화를 이룰 수 있는 근거가 놓여 있다.

우리의 내부에 있는 본성으로서의 자연이 외부에 있는 자연현상[107]보다 더 우월하다는 사실을 지각할 수 있는 한, 숭고성이란 자연의 대상 곧, 자연물이 아니라 우리의 심성에 포함되어 있다고 하겠다. 이때 심성이나 심의란 우리의 내면에 기인한 주관적인 마음의 태도이다. 그러므로 우리의 내부에 이러한 감정을 유발시키는 모든 것은 본래의 의미는 아니지만 숭고하다고 불릴 만하다. 따라서 우리의 내부에 이러한 이념을 전제했을 때에만, 또한 이러한 이념과의 연관 속에서만 숭고성의 이념에 도달할 수 있다. 단지 그것이 자연 안에서 표명하는 위력에 의해서가 아니라 오히려 그 위력에서 오는 공포감을 사유할 수 있는 능력에 의해서 우리의 내부에 진실한 경외의 감정을 불러일으켜주는 것이다.

칸트에 의하면 자연의 숭고에 관한 판단은 미에 관한 판단의 경우보다도 더욱더 많은 심의의 도야陶冶, Kultur와 훈육訓育, Bildung이 필요하다고 한다. 도야와 훈육이라는 이 두 개념은 계몽주의 이후 서구 인문학을 주도한 핵심적인 개념이다. 왜 미의 경우보다도 숭고의 경우에 그러한가? 그것은 아마도 숭고의 감정에 관한 판단의 기초가, 실천적인 이념들에 대한 감정에의 소질에 놓여 있기 때문일 것이다. 여기에 숭고에 관한 타인의 판단이 우리 자신의 판단과 일치할 수 있는 공감의 근거가 있는 것이며, 우리는 이 공감을 필연성으로 끌어올리는 동시에 이를 우리의 판단에 포함시킨다. 그런데 여기서 주의할 점은 이런 근거가 어떤 규약에 적합한 사회적 차원에서가 아니라 인간 본성에 근원적인 도덕적 감정의 소질에 있다는 사실이다. 물론 여기에서 사회적 차원, 즉 사회성이 전적으로 배제된 것처럼 보이지만, 인간 본성에 근원적으로 자리 잡고 있는 도덕감은 인간이면 누구에게나 보편적으로 요청되고 전제될 수 있을 뿐만 아니라, 바로 이것에 근거하여 사교성Geselligkeit 또한 가능한 것으로 보아야 한다.

취미의 경우에는 판단력이 구상력을 단지 개념의 능력인 오성에만 관계시키므로 우리는 취미에 관한 동의나 찬동을 그대로 모든 사람에게 요구한다. 하지만 숭고의 감정에는 판단력이 구상력을 이념의 능력인 이성에 관계시키므로 우리는 감정을 오직 하나의 주관적 전제, 이를테면 인간의 도덕적 감정의 존재를 전제해서만 전달 가능하며, 궁극에 가서는 개념과 법칙에 맞는 합목적성을 현시해주기 때문이다. 도덕적 성질로 인한 만족은 자기활동의 사명의 이념에 적합한 쾌감이다. 도덕적 감정은 개념을 요구하며 법칙적인 합목적성을 현시한다. 이는 실천적 이성개념에 의해서 보편적으로 전달될 수 있다. 자연의 숭고에 관한 쾌감은 초감성적 사명의 감정을 전제한다(*KdU*, 제39절, 154쪽).

그렇게 하여 우리는 미적 판단에 대해서도 필연성을 부여하게 된다. 이러한 필연성은 결국 미적 판단에 하나의 선천적인 원리가 있다는 사실을 알려주는 셈이기도 하다. 아울러 다른 한편, 숭고의 감정에 기인한 미적 판단을 경험심리학으로 끌어올려 놓게 된다. 또한 동시에 이 미적 판단과 그것을 매개로 하여 판단력과 선천적인 원리들을 그 근저에 지니고 있는, 말하자면 선천적인 판단들의 부류 속에 넣는다. 이런 관점은 『판단력비판』의 해석에서 선천적으로 규정된 원리를 넘어선 것으로, 18세기의 취미 문제에 대한 심리학적이고 인간학적인 고찰의 문제와 연관된다고 하겠다. 어떻든 미적인 판단에 필연성을 부여하게 되고, 판단력이 구상력을 이념의 능력으로서 이성에 관련시킨다는 점에서 선험 철학에 포함된다고 보아야 할 것이다. 그럼에도 미가 오성의 개념이 아닌 감관의 감각을 매개로 하여 판정을 내릴 때에만 간접적으로 만족을 준다는 데에 그 독특함이 있다고 하겠다.

미적인 합목적성은 자유로운 판단력의 합법칙성이다. 지적이며 그 자체로 합목적적인 도덕적 선은 미적으로 판정한다면 아름답다기보다는 오히려 숭고하다고 해야 할 것이다. 우리의 심성과 영혼을 고양시켜 주는 도덕성의 순수한 현시는 지나친 열광의 위험을 초래하는 일이 결코 없다. 도덕적 법칙은 그 자체가 우리의 내부에서 충족적이며 근원적으로 규정적인 것이므로 우리가 도덕적 법칙의 밖에서 규정 근거를 찾는 일을 결코 허용하지 않는다. 도덕 법칙은 자기 입법적이요, 자발적이기 때문이다. 취미 판단은 만족이 표상과 직접 결합되기를 요구하는 까닭에 그것의 근저에는 객관적이든 혹은 주관적이든 간에 심성의 변화의 경험적 법칙들을 탐색함에서는 결코 도달할 수 없는 어떤 하나의 초감성적이고 선천적인 원리가 있어야 한다. 이 원리에서 자연과 도덕은 서로 만나지 않을 수 없다.

3. 미적 감정과 도덕성

_ 감각의 전달 가능성과 공통감

감성적 대상 일반에 대해 판정을 내릴 때 우리가 얻게 되는 쾌는 인식 능력들의 관계에 대한 표상의 주관적 합목적성으로서 누구에게나 당연한 것으로 요구될 수 있다. 특히 미에 관한 한 그것이 객체의 개념도 아니요, 취미 판단은 인식 판단이 아니기 때문에 그것에 관한 연역은 객관적 실재성으로 입증되는 것이 아니다. 그것은 주관적이면서 형식적이다. 이 문제가 감각의 전달 가능성에 어떻게 연결되며, 또한 공통감의 문제가 왜 여기서 대두되는가를 살펴보아야 할 것이다.

감각이 지각의 실재적인 것으로서 인식에 관련될 때에, 이를 두고 칸트는 감관의 지각이라고 부른다(*KdU*, 제39절, 153쪽). 우리가 우리의 감관 기관을 통해 대상을 지각할 때 느끼는 것은 자발적이 아닌 수용적인 향수의 쾌감이다. 이에 반해 스스로의 활동의 결과를 얻게 되는 쾌감은 어떤 행위에 관해서 그 행위의 도덕적인 성질로 인해 느끼는 만족으로서의 법칙적인 합목적성을 현시하는 것이며, 이성을 매개로 하여 전달된다. 자연의 숭고에 대한 쾌감은 이성적 논의가 들어 있는 관조의 쾌감으로서 하나의 도덕적 기초를 지닌 초감성적 사명의 감정을 전제하고 있다. 미에 대한 쾌감은 한갓된 반성의 쾌감인바, 직관의 능력인 구상력에 의하여 개념의 능력인 오성과 관련하여 판단력의 절차를 거쳐 대상을 통상적으로 포착할 때 수반된다(*KdU*, 제39절, 154쪽). 이런 쾌감은 누구에게나 필연적인 동의를 요청할 수 있다는 조건에 기인한다.

취미란 서로가 공유할 수 있는 일종의 공통감이다. 우리는 그것을 공통의 감각에 기인한 하나의 이념으로 이해한다(*KdU*, 제40절, 157쪽). 이는 마치 하나의 공동체가 공유하는 이념과도 같다. 우리가 상식이라 일컫는 보통의 인간 오성의 격률들도 취미판단의 원칙들을 해명하는 데 도움을 준다. 자의적이지 않으며, 편견에 사로잡히지 않는 사고의 격률은 결코 수동적이지 않은 이성의 격률이다. 그것은 스스로 사유하며 법칙을 부여하는 오성의 격률과도 관련된다. 따라서 언제나 일관성 있게 사유하는 것은 이성의 격률이요, 오성의 격률이다. 다른 모든 사람의 입장에서의 사유는 보편적 입장에 따라 사유하는 격률인 셈이며, 이것은 판단력의 격률에도 어느 정도 적용된다. 그렇지만 취미란 건전한 오성이라고 부르기보다는 공통감이라고 불릴 만하다. 또한 지적 판단력보다는 미적 판단력이 공동체적 감각이라는 명칭을 갖기에 더 적합해 보인다. 미적 판단력으로서의 취미는 주어진 표상에 관하여 우리가 느끼는 감정을 개념의 매개 없이 선천적으로 판정하여 보편적으로 전달할 수 있는 능력이다 (*KdU*, 제40절, 161쪽). 그러기에 이것은 지적 판단력에 버금가는 것이요, 한갓된 감정이 아니라 공동체적인 성격을 띤 것이다.

취미 판단의 연역과 공통감의 원리는 어떤 관련을 맺고 있는가? 또한 공통감은 인식 능력들과 어떤 관계에 있는가? 심성 상태나 쾌의 감정을 보편적으로 전달할 수 있는 가능성은 공통감을 전제하는 형식적 합목적성의 체험에 근거한다. 주관적 근거에 기인함에도 불구하고 미적 판단력이 보편적 동의를 정당하게 요구하려면, 판단의 주관적 조건들이 모든 인간들에게 동일해야 할 것이다. 그러나 그것은 판단력의 형식적인 조건에서 그러하다는 말이다(*KdU*, 제38절의 주). 어떻든 공통감은 취미 판단의 주관적 원리이긴 하지만, 그것은 보편적으로 의사소통을 하기 위한 필연적이며 주관적인 조건이다.

우리는 공통감을 "심리학적 관찰에 입각하여 상정하는 것이 아니라, 우리 인식의 보편적인 전달가능성의 필연적인 조건으로서 상정하는 것"(*KdU*, 제21절, 64쪽)이라고 말한다. 심리학적인 관찰은 어쩔 수 없이 경험으로부터 오는 한계를 지니기에, 이를 극복하기 위해 칸트는 선험적인 전달 가능성을 제시한다. 칸트의 논의를 따르면, 보편적으로 전달 가능한 심성 상태나 감정이란 반드시 공통감과 연관되며, 이는 취미 판단의 필연적 조건이자 그 전제가 된다. 취미는 그 능력의 행사와 존재를 선천적 원리에 의존하는 판단 능력이다. 이때의 원리가 공통감이며, 보편적으로 전달 가능한 감정을 체험할 수 있는 능력이다. 그런데 공통감이란 하나의 감정이라기보다는 감정을 위한 능력이다. 왜냐하면 그것은 하나의 원리요, 규칙이며 이념이자 규범이기 때문이다. 그리하여 공통감은 한갓된 감정이 아니라 판단의 능력을 위한 객관적인 원리가 된다.

앞에서 언급한 바와 같이, 칸트에 의하면 공통감은 하나의 이념이기 때문에, 감관의 경험에 적용할 수 있는 것이 아니다. 그는 특히 취미가 공통감이라고 불릴 수 있는 것은 건전한 오성으로서의 상식이 그렇게 불릴 수 있는 것보다도 더 정당하다고 강조한다(*KdU*, 제40절, 160쪽). 물론 칸트는 취미를 감성적인 공통감이라고 하고, 우리가 보통의 인간 오성이라 일컫는 상식을 논리적인 공통감이라고 부르지만, 정당성의 측면에서 취미를 더욱 강조하는 것 같다. 이는 바움가르텐이 물론 '감성적 인식의 학'으로서의 미학에 학명을 자율적으로 부여하기는 했지만, 논리적인 것을 고급의 인식 능력이라 하고 감성적인 것을 저급의 인식 능력이라 하여 낮게 평가하는 것과는 꽤 대조되는 일이다. 그렇지만 이러한 칸트의 시도는 공통감을 도덕성과 연결시키기 위한 그의 체계적인 계획에 의한 것으로 보인다.

_ 공통감과 도덕성

『실천이성비판』에서 보인 보편적이고 필연적인 도덕 판단의 가능성은 우리의 자유의지에 의해 조건 지워진다. 자유는 도덕법의 존재 근거ratio essendi이며, 도덕법은 자유를 인식할 수 있는 근거ratio cognoscendi가 된다.[108] 그리고 또한 도덕감은 규칙을 준수하는 일반적인 혹은 보편적인 감정에 호소한다. 여기서 보편적으로 전달 가능한 감정이나 심성 상태는 우리가 어떤 판단을 내리는 데에서 하나의 주관적인 근거로 하여금 법칙을 존중하도록 제한을 가한다.

도덕 판단을 정언 명령으로 보는 칸트의 분석은 보편적으로 전달 가능한 심성 상태나 감정을 요청하는 것이다. 그리하여 공통감이라는 일반적인 개념은 미의 체험이나 판단의 영역에만 특유한 것이라고 볼 수 없다. 공통감의 개념은 칸트의 실천 철학이나 미의 철학의 바탕에 깔려 있다고 보아야 할 것이다. 왜냐하면 이 경우에 보편타당성이 보편적인 전달가능성에 의존해 있기 때문이다.[109] 그런데 타당성은 대체로 논리적인 근거에서 말해지지만 전달 가능성은 감정이나 감각의 차원에서 말해진다.

그리하여 도덕성과 공통감을 연결하는 문제는 도덕 판단과 마찬가지로 미적 판단, 즉 취미 판단도 보편타당성이라는 필연적인 조건을 갖는다고 지적하는 데서 가능하다. 칸트는 우리가 공통감의 능력을 행사할 수 있는 그 근거를 '전체적인 인간 이성'(KdU, 제40절, 157쪽)에 견주어보아야 한다고 말한다. 그래서 자칫하면 객관적이라고 도저히 인정될 수 없음에도 불구하고, 주관적이며 사적인 조건들에서 벗어날 수 있다. 즉, 자기 반성 작용에서 다른 모든 사람들의 표상 방식을 사유하는 가운데 선천적으로 고려될 수 있는 하나의 판정 능력의 이념이 된다. 이는 상호주관적인 이념이 되고 반성적인 이념이 된다.

공통감을 취미 판단의 근거로 요청하는 일은 곧 미를 도덕성과 연결해주는 고리가 된다.

그러므로 공통감의 원리에 근거한 미의 연역이 판단의 보편적인 전달 가능성을 정당화해 주는 한에서, 이 원리는 취미 판단의 연역에서 마지막 단계가 되는 셈이다. 완전한 연역은 취미의 상호주관적 판단이 가능하다는 근거를 보여주는 이성의 능력을 이성으로 하여금 확신시켜 준다. 순수한 취미 판단에 대한 칸트의 분석은 그의 요청들이 비개념적이고 감성적이며 무관심적이라는, 그가 미의 분석의 초기에 폈던 주장들을 넘어서고 있다. 이를테면, 이를 근거로 하되 개념과 법칙을 끌어들여 상호주관적인 타당성의 토대를 마련한다는 말이다. 이는 마치 「변증론」[110]에서 시도한 이율배반의 해소와도 같다.

4. 도덕성의 상징으로서의 미

플라톤 시대 이래로 예술과 도덕성의 관계가 어떠해야 할 것인가에 대한 오랜 논쟁은 미학사를 일별해 보면 분명히 드러난다. 특히 절대적 도덕주의와 절대적 심미주의의 양 극단 사이에 벌어진 논쟁이 그 대표적인 예라 하겠다. 절대적 도덕주의는 예술은 선이며, 예술 작품은 선의 이미지라고 주장한다. 이 입장에서 도덕은 근원적인 가치를 지니며 미는 단지 파생적인 가치에 불과하다. 이에 반해 예술에 관한 도덕적인 해석에 반대하는 예술지상주의자 혹은 유미주의자나 심미주의자의 관점은 예술이란 아름다우면 되는 것이고 도덕적인 선을 위해 봉사할 필요가 없다고 주장한다.[111] 어떻든 한편으로 치우친 이러한 논의에다 '상징' 개념을 끌어들여 미와 도덕성의 상호 관계에 대해 정당한 이론적 토대를 마련한 인물이 칸트이다.

칸트는 미를 도덕성의 상징으로 보면서, '상징'에다 특별한 의미를 부여한다. 여기서 상징이라 함은 선천적 개념을 간접적으로 드러내는 현시現示요, 초감성적인 것이 감성화된 것을 말한다. 일반적으로 말해 상징이란 추상적인 개념이나 사물을 구체적인 사물로 나타내거나 또는 그렇게 나타낸 표지標識나 기호 등을 가리킨다. 상징은 드러내는 상과 그것이 지향하는 이념이 비교할 만한 점에서 서로 결합한다. 헤겔G.W.F. Hegel(1770-1831)은 직접적으로 직관이 주어지는 외적 대상의 현존을 말하며, 실러는 정신과 물질, 유한과 무한의 변증법적인 긴장 관계에서 상징이 이루어진다고 본다.[112]

개념이 실재하는가를 인식하기 위해서는 우리에게 근본적으로 직관이 필요하다. 왜냐하면, 무엇보다도 직관 없는 개념은 공허하고, 개념 없는 직관은 맹목적이기 때문이다. 그리고 이때 경험적 개념을 직관하는 경우에는 그것은 구체적인 실례이며, 순수 오성 개념의 직관인 경우에는 도식이다. 도식은 범주를 대상에 적용할 수 있는 감성의 형식적이고 순수한 제약이다. 그리하여 도식은 범주와 합치하는 대상의 감성적 개념이 된다(*KrV*, B 186). 그래서 이념의 이론적 인식을 위해서 이념의 객관적 실재성을 명시할 것을 요구하기는 불가능하다. 이념에 적합한 직관은 결코 주어질 수 없기 때문이다.

감성화로서의 표현은 도식적이든가 상징적이든가 둘 가운데 하나이다. 오성 개념 및 이에 대응한 직관이 주어지는 것이 도식이다. "상징적인 경우에는 개념은 다만 이성만이 사유할 수 있으며 따라서 그 개념에 대해서 주어지는 직관에 관한 판단력의 활동은 판단력이 도식화에서 준수하는 활동과 유사한 데 지나지 않는다"(*KdU*, 제59절, 255쪽). 판단력은 활동의 규칙에서 보면 이성의 개념과 합쳐지는 것이 아니다. 다시 말하면 그것은 내용상 합치하는 것이 아니라, 단지 반성의 형식상 합치할 뿐이다. 칸트는 구상력과 오성 간의 조화를 이루는, 즉 상호주관적으로 타당한 쾌의 감정을 산출하는 심성 활동을 반성의 형식으로 규정한 바 있다.[113]

상징에서의 감성적 기호는 객체의 직관에 속하는 것을 포함하지 않는다. 그것은 주관적인 의도에 따르면서도 구상력의 연상 법칙에 의해 개념을 재생하는 수단으로 쓰인다. 선천적 개념의 근저에 놓여 있는 모든 직관도 또한 도식이나 상징이다. 도식은 선천적 개념의 직접적 현시요, 상징은 간접적 현시이다. 도식은 증시證示를 수단으로 하며, 상징은 유비類比를 수단으로 한다. 판단력은 유비를 통하여 개념을 감성적 직관의 대상에 적용하며, 그 결과 반성적 직관의 규칙을 전혀 다른 대상에 적용하는 이중적인 작업을 수행한다. 이를테면, 칸트는 『순수이성비판』에서 '경험의 유비 혹은 유추'란 개개의 지각을 결합하려는 것이 아니라, 지각의 다양함으로부터 얻은 경험을 종합하여 통일을 이루는 것이라고 말한다. 그런 까닭에 유비에 의한 간접적인 현시는 단지 반성에 대한 상징이다. 이리하여 상징적 표현은 직접적인 직관과의 유비에 의한 간접적인 개념들을 나타내는 표현이 된다.

칸트미학에서 "아름다운 것은 도덕적으로 선한 것의 상징이다"(*KdU*, 제59절, 258쪽). 이러한 관점에서만 아름다운 것은 다른 모든 사람들에게 동의를 요구할 수 있으며, 우리에게 만족을 준다. 이를테면 보편적인 찬동이나 동의요, 보편적인 만족이다.

이것은 하나의 이념과 같은 작용을 한다. 그렇다면 이 이념은 어떠한 기초 위에 서 있으며, 우리에게 만족을 주는가? 보편적인 찬동이나 동의의 근거 위에서 보편적인 만족을 주는 이 이념은 취미 판단과 관련된다. 이것은 모든 사람들의 동의를 기대할 수 있는 조건의 전부이다. 칸트에 의하면 미는 대상의 속성을 가리키는 것이 아니라 주관 안의 어떤 특별한 종류의 감정과 연합된다. 그런데 이 감정은 곧 보편적인 찬동이나 동의의 이념이다. 이는 앞서 말한 특유한 미적 정서로서의 향수에 머무르지 않고 그것을 넘어선 어떤 순화와 고양이다. 이것은 바로 우리의 취미가 지향해 온바, 가지적可知的인 것das Intelligible이다. 아름다운 것과 선한 것 사이에 어떤 유비가 없었다면, 이성과 취미에 의해 제창된 주장 사이에도 모순이 있었을 것이다.[114]

초감성적인 것에서 이론 능력은 실천 능력과 어떤 공통적인 방식으로, 유비적으로 결합되어 통일을 이룬다. 아름다운 것은 반성적 직관에 직접적으로 만족을 준다. 도덕적으로 선한 것은 필연적으로 어떤 관심, 즉 실천적 관심과 결부되어 있지만 아름다운 것은 일체의 관심을 떠나서 만족을 준다. 말하자면 무관심적인 만족이며, 이는 보편적인 만족이다. 이때 무관심無關心이란 관심의 결여나 부주의 혹은 관심의 배제가 아니라 관심의 집

중이요, 그 조화이다. 어떤 학자는 칸트의 무관심성을 현실로부터의 거리두기로 이해하고 있으나, 이는 오해이다. 미적 무관심이란 이론적인 관심이나 실천적인 관심으로부터의 거리두기이지 현실로부터의 거리두기가 아니다. 칸트는 현실에 대한 무관심적 태도를 취함으로써 독특한 미적 태도를 갖고서 현실에 다가가고 있는 것이다. 아름다운 것을 판정할 때 구상력의 자유는 오성의 합목적성과 합치하는 것으로서 표상된다. 그리하여 아름다운 것을 판정하는 주관적인 원리는 보편타당한 것으로 표상된다.

5. 미와 선의 형식

고대 그리스에서는 미와 선을 통합한 개념으로 칼로카가티아 kalokagathia라는 말을 사용했는데, 이는 미와 선이 하나로 융합되는 인격적 가치 개념으로 굳이 번역하자면 선미善美일 것이다. 플라톤이 강조하는 선의 이데아는 곧 미의 극치인 셈이며, 아리스토텔레스도 미를 선한 것으로 보며, 우리에게 즐거움을 주는 것이라 했다. 토마스 아퀴나스도 미와 선은 형상에 있어 동일하며, 다만 개념을 달리할 뿐이라고 말했다.[115] 선한 것과 아름다운 것을 형식적으로 비교해 보면, 그것들은 고도로 추상적인 것이다. 칸트의 도덕성은 선의지의 문제이므로, 선의지의 이념이 어떤 형태로 존재하며, 아름다운 대상이 어떻게 선의지의 유비물이 되는가를 밝힘으로써 우리의 논의는 끝나게 된다.

『도덕 형이상학 원론』에서 칸트는 도덕 판단에 관여하는 일종의 비규정성에 주목한다. 미에 대한 판단은 판단자의 감정에 연관된다. 도덕 판단의 비규정성이 여기에 재등장한다. 칸트에게 도덕성은 의지의 문제이다. 그런데 앞서의 이야기대로 미가 도덕성의 상징이라면 아름다운 대상은 선의지와 관련을 맺게 된다. 대체로 의지가 행동에 종사할 때, 그것은 이성에 의해 주어진 명법에 따라서 행한다. 의지는 외적 목적들을 추구하여 행동하고, 의미의 선함은 이들 목적들의 선함과 불가분의 관계에 놓인다. 그러나 무조건적으로 선한 것은 선의지 그 자체이다. 그런데 칸트의 미는 "어떠한 목적도 표상함이 없이 어떤 대상에서 지각되는 한에서 그 대상의 합목적성의 형식이다"(*KdU*, 제17절, 61쪽). 아름다운 대상은 합목적성을 보여줌으로써 어떤 목적의 실현에 기여하는 것으로 보인다. 그리하여 목적에 적합하게 된다. 그러한 아름다운 대상은 어떤 현실적인 목적에 관련되지 않고 합목적성의 형식만을 보여준다. 선의지는 외적 목적을 추구하지 않고 행동의 형식만을 보여준다. 이런 맥락에서 선의지와 아름다운 대상은 서로 유비의 관계에 서게 된다.[116] 그러나 또한 선의지는 도덕 법칙에 대한 존경에서 행동하는 의지로서 자유 의지이다. 여기서 자유란 개념이 아니라 이념이다. 이념은 구체적인 실례를 가지지 않으므로 간접적으로 현시될 수밖에 없다. 이러한 현시를 실현시킬 수 있는 대상이 바로 이념의 상징이다. 그러기에 아름다운 대상은 자유로운 선의지의 이념이 간접적으로 현시된 것이라 할 수 있다.[117] 이는 유비적이나 은유적이다.

도덕성은 객관적인 필연성에 관여하고, 취미 판단은 주관적인 필연성에 관여한다. 그러므로 이 둘 사이에는 어떻든 필연성이라는 측면에서 보면 구조적으로 유사한 관계가 있다. 일찍이 플라톤은 예술적 조화와 도덕적 조화 사이에 어떤 유사성이 있는지를 다음과 같이 물은 적이 있다. "예술가는 모든 사물을 질서에 따라 해명하며, 한 부분이 다른 부분과 조화를 이루어 서로 일치하도록 만들어서 규칙적이고 체계적인 전체를 구성한다.… 그러면 당신은 그러한 영혼을 무엇이라고 말하겠는가? 선한 영혼은 무질서가 널리 행해지는 데에서 그렇게 되는 것인가? 아니면 조화와 질서가 잡힌 데에서 그렇게 되는 것인가?"[118]라는 프로타고라스의 말을 그대로 반영한 것이기도 하다. 20세기에 들어와 미시간 대학의 미학교수인 파커Dewitt H. Parker(1885-1949)도 그의 『예술의 분석』에서 미와 선이 형식적으로 동일하다는 이론을 발전시킨 바 있다. 플라톤이 예언한 바와 같이 선의 형태와 미의 형태는 같다. 왜냐하면 하나의 전체로서의 경험은 그것을 이루는 요소들이나 감각적인 인상이나 궁극적인 의미들이 어떤 단일한 목적이나 가치를 꾀하는 한, 그것은 선이기 때문이다.

6. 미적 이념

이념이란 일정한 원리에 따라 어떤 대상에 관계하는 표상이지만 결코 그 대상의 인식이 될 수는 없다. 이러한 이념이 구상력이나 오성과 같은 인식 능력을 상호의 합치라는 주관적 원리에 따라 어떤 직관에 관계하는 경우에는 미적 이념이 된다. 미적 이념의 표현은 형식적인 성질에 주목함으로써 이루어진다. 특히 대상을 지각하는 형식을 판정함으로써 우리는 미적 이념을 인정하게 된다. 칸트의 미적 이념은 이념의 규제적 사용 원리와 아주 가깝게 연관되어 있다. 변증론적 가상은 외관상 구성적으로 보이는 듯하지만, 실제로 규제적인 원리에 의해 해결되기 때문이다. 여기서 규제적이라는 말과 구성적이라는 말을 확실히 구별할 필요가 있다. 칸트에 의하면 우리는 개념을 위해 오성을 구성적으로 사용하고, 이념을 위해 이성을 규제적으로 사용한다. 구성적 오성은 경험의 대상을 근거 지어주며, 규제적 이성은 경험한 내용에 대해 규칙을 부여한다. 따라서 이념은 구성적으로 사용되지 않는다. 즉 이념에 의해 대상이 인식되는 것은 아니다. 하지만 이념에 의해 오성 개념은 비로소 더욱 높은 통일성을 갖게 된다. 오성은 사물을 다만 감성계의 현상으로 보지만, 실천이성은 사물을 물자체物自體로서, 즉 초감성적 세계의 대상으로서 고찰한다.

미적 이념은 구상력의 직관이지만, 이 직관에 합당한 개념은 결코 찾을 수가 없다. 그것은 인식이 될 수 없는 까닭이다. 이성 이념은 초감성적인 것의 개념을 내포하고 있기는 하지만, 이 개념에 적합한 직관은 결코 주어질 수 없다. 그러므로 이 또한 인식될 수가 없다.

그러기에 미적 이념은 직관에 의하여 나타내 보일 수 없는 구상력의 표상이며, 이성 이념은 직관에 의하여 증시할 수 없는 이성의 이념이다. 반면에 "오성 개념에 대응하는 대상이 직관(순수직관이든 또는 경험적 직관이든)에 주어지지 않으면 안 된다"(*KdU*, 제57절, 주해 1, 240쪽). 여기에서 '증시한다demonstrieren'는 말은 표본이나 실례를 들어 증명이나 정의를 통해 그 개념을 동시에 직관에 있어서 현시한다는 것이다. 선천적인 직관인 경우에는 그 직관은 개념을 구성한다. 경험적인 직관인 경우에라도 객체가 나타나 있고 개념의 객관적인 실재성이 이를 보증한다.

이성 개념은 모든 현상 일반의 초감성적인 기체基體로서, 그것은 중시할 수 없는 개념이요, 이성 이념이다. 이성 이념에서는 모든 구상력이 그의 직관을 가지고서는 주어진 개념에 도달할 수가 없다. 미적 이념에서는 오성은 그의 개념에 의하여 구상력의 내적인 직관을 어떤 주어진 표상에 결부시킨다. 그런데 구상력의 표상을 개념으로 환원한다는 것은 그것을 개념에 의하여 설명한다는 말과 같게 된다. 그러므로 미적 이념은 자유롭게 유희하는 구상력의 설명할 수 없는 표상이 된다. 이성 이념은 이성을 사용하는 데에서 객관적인 원리를 가지고 있어야 하며, 미적 이념은 이성 사용의 주관적인 원리를 가지고 있어야 한다.

7. 맺음말

미와 선이 추구하는 것은 궁극적으로 인간성의 고양이요, 순화이다. 미적인 판단은 아름다운 것에만 관계할 뿐 아니라 일종의 정신적 감정에서 나온 판단으로서 숭고한 것에도 관계한다. 숭고한 것에 대한 체험의 근저에는 우리의 도덕성이 놓여 있다. 즉 인간적인 위대성으로서의 숭고는 궁극 목적으로서의 최고선 最高善, summum bonum의 경지이다. 이러한 경지는 누구에게나 전달 가능한 공통감으로서의 도덕성이 추구하는 경지이기도 하다. 무엇보다도 칸트 도덕론의 중요한 특색은 인간성에 대한 인정이다. 이는 인간의 존엄성에 대한 고려이다. 인간을 수단으로서가 아니라 목적으로 대하는 일은 자기 자신을 목적으로 대하는 것이며, 아름다운 대상은 이렇듯 인간 이념에 합목적적으로 작용하며 그것을 간접적으로 드러내는 상징이 된다. 미적 경험과 도덕적 경험은 인간에게 동일하게 참여한다.

미의 가치는 선한 삶에 포함되어 있으며, 삶에 즐거움과 만족을 준다. 물론 미적인 관조의 대상은 의미 있는 형식이지만, 이는 작품의 내적인 응집력이나 구조적인 완전함을 넘어선 삶의 의미 있는 형식이다. 그런데 칸트에게 있어 삶이란 구체적이고 개별적인 삶이 아니라 '삶 일반'으로서의 삶에 대한 선험적인 지평을 전제한다. 칸트는 유기적인 통일을 지니고 있는 기관器官들을 이미 전제로 해서 가능한 동물적인 삶과 이보다 높은 존재 단계로서의 인간 유기체를 구분하고 있는데, 인간 유기체란 그 자체가 이미 직접적인 삶이 아니라 '삶의 유추'(*KdU*, 제65절, 293쪽)로서 삶을 확장한다. 반성적인 미적 판단은 삶에 대한 직접적인 인식이 아니라 삶에 대한 유추적인 구조를 드러낸다. 여기에 칸트의 인간 이해에 대한 독특한 깊이가 있다.

VI

목적론적 판단력의 비판[119]

1. 들어가는 말

칸트의 세 비판서들을 통해 가능한 인식, 행위 및 자아, 신에
대한 실천이성적 접근을 고찰해보면, 자아적 존재에서 점차 신
적 존재로 상승해가는 칸트의 주도면밀한 계획을 엿볼 수 있다.
유기적 자연 속에서 합목적성에 대한 체계적 판단을 내림에 있
어서 유일하게 가능한 해명근거인 신을 상정하게 된다. 앞서 살
펴본 바와 같이, 『판단력비판』에서의 주된 문제는 특수를 보편
에 포섭된 것으로 파악하는 능력인 판단력에 대한 논의이다. 그
런데 대상의 실질적이고 주관적인 합목적성에 대한 판단이 미
적 판단력이요, 대상의 실질적이고 객관적인 합목적성에 대한

판단이 목적론적 판단력이다. 목적론적 판단은 취미 판단의 경우처럼 어떤 대상의 형식에 대한 태도에서 이루어진다. 주어진 것을 객관적으로 합목적적이라 판단한다고 해서 그 대상 자체의 현존에 대한 입장을 취하는 것은 아니다. 우리는 이 대상의 객관적 속성들에 관해 우리의 지식을 넓히는 것이 아니라, 다만 이 형식 및 그와 유사한 형식들을 체계적으로 이해하는 데에 있어 오성만으로는 불충분하다는 사실을 깨닫게 된다.

목적론적으로 판단하는 일은 유기적인 형식들을 우리 자신의 기술적인 산출과의 유비에 의해 마치 그것들이 산출된 것인 양, 생각할 수 있다는 말이다.[120] 목적론적 판단력은 자연목적들을 실재적인 합목적성의 개념을 나타내는 것으로 보며, 오성과 이성에 의하여 논리적으로 개념들에 따라 판정한다. 목적론적 판단력은 자연을 마치 합법칙적 자연 속에서 목적이 실현되는 것처럼 판단하는 능력이다. 그리하여 목적론적 판단력은 체계적인 자연인식을 가능하게 하고, 합목적성을 발견하여 우리로 하여금 세계의 도덕적 궁극목적을 믿게 한다. 우리는 선험적 원리들에 근거하여 특수한 법칙들에 따르는 자연의 주관적 합목적성을 상정한다. 우리는 판단력으로써 자연을 파악할 수 있으며 자연으로부터의 특수한 경험들을 통합하여 자연의 어떤 체계를 이룰 수 있다. 자연의 많은 산물들 가운데는 마치 우리의 판단력을 위해 미리 마련되기라도 한 것처럼 우리의 판단력에 아주 적합한 형식들을 가지고 있는 산물들이 있을 수 있다고 가정한다. 그러한 형식들은 그 다양성과 통일성에 의해 판단력이 사용될 때에 유동하는 심성능력들을 강화해주고 즐겁게 해주는 데 이바지 한다. 그래서 우리는 그러한 형식들을 '아름다운 형식'이라고 부른다(*KdU*, 61절, 267쪽).

자연의 사물들은 서로 간에 목적에 대한 수단이 되거니와, 이러한 사물들의 가능성 자체를 우리는 인과성에 의해 이해할 수 있다. 특히 주관적 합목적성의 경우 사물들의 표상은 우리의 내부에 있는 어떤 것이 된다. 자연의 사물을 가능하게 하는 원리로서 객관적 합목적성은 자연의 개념과 필연적으로 연관되어 있는 것은 아니다. 오히려 자연의 개념과 그 형식과의 우연적인 관계를 해명하기 위해 의존하는 것이 객관적 합목적성일 것이다. 자연을 한갓된 기계적 조직이라고 보는 입장에서, 목적의 원리에 따르는 통일의 근거를 자연 개념 밖에서 찾고자 기대하는 일은 가능하지만, 그것을 자연 개념 안에서 선천적으로 구하고자 해서는 안 될 것이다. 목적론적 판단은 규정적 판단력에 속하는 것이 아니라 반성적 판단력에 속한다. 그것은 자연의 메

커니즘에 따른 인과성의 법칙으로 충분히 해명하지 못한 경우에 자연현상들을 어떤 규칙 아래에 묶기 위한 논리가 된다. 여기서 칸트가 합목적성의 근거로 삼고 있는 자연개념은 현상 자체를 가리키며, 그 체계적 통일성은 오성의 합법칙성에서 이루어진다. 자연개념을 현상 자체로 볼 때 이것은 실질적인 것이며, 합법칙성의 측면에서 볼 때 이것은 형식적인 것이 된다. 결과는 합법칙적이지만, 그 출발은 실질적인 것으로부터 비롯된다고 하겠다.[121]

우리는 목적론에 근거하여 객체의 개념이 우리의 내부가 아니라 우리의 외부, 즉 자연 속에 있는 것처럼 생각한다. 객체의 개념에다 객체에 관한 인과성 모두를 귀속시키고 인과성의 유비에 따라 그 대상의 가능성을 표상하게 되며, 자연을 그 자신의 고유한 능력으로 말미암아 기교적技巧的인 것이라고 생각한다. 만일 우리가 자연에 대해 이와 같은 방식을 인정하지 않을 경우에는 자연의 인과성이란 맹목적인 기계적인 조직으로만 표상될 것이다. 가령, 의도적으로 작용하는 힘이 자연의 밑바탕에 깔려 있다고 인정한다면, 자연 목적의 개념은 반성적이 아니라 규제적이 될 것이다. 목적론적 판단력에서 칸트가 부딪친 한계는 그 무렵 자연과학의 수준으로는 완벽하게 해명할 수 없었던 '유기체'라는 문제였다고 생각된다. 당시 자연과학의 자연현상에 대한 설명은 기계론적 수준에 머무르고 있는 정도였다. 칸트는 자연 속에 기계론적 관점을 넘어서는 현상들이 있음을 인지했다. 유기체의 미묘한 생명현상에 대한 착상이 그것이다. 이런 현상들은 기계론적 세계관 속에 그대로 편입될 수 없다. 따라서 이런 현상들을 포괄하여 통일된 세계상을 마련하는 일은 마치 어떤 목적이 그 속에서 절묘하게도 실현되는 것처럼 유비적으로 간주함으로써만 가능하다. 원래 칸트가 『순수이성비판』에서 목적론을 언급한 중요한 이유는 신의 현존재를 목적론적으로 증명해보려는 시도에서였다. 또한 지식을 통일하기 위한 규제적 원리로서였다. 물론 처음의 시도는 두 번째 의도의 토대가 된다. 그리하여 우리가 자연에 부여하는 최고의 형식적 통일은 사물들을 합목적적으로 통일하는 것이다. 이러한 과정에서 자연의 형식적 객관적 합목적성이 어떻게 이루어지며, 또한 자연목적과 목적론의 관계는 어떻게 이루어지는지를 다음의 분석론에서 살펴보고자 한다.

2. 목적론적 판단력의 분석론:
   자연의 형식적 객관적 합목적성, 자연목적과 목적론

  자연의 산물을 가능케 하는 원리로서의 객관적 합목적성은
자연개념과 필연적으로 연관되어 있는 것은 아니다. 자연을 한
갓된 기계적 조직으로 본다면, 목적의 원리에 따르는 통일의 근
거를 자연개념 속에서 선천적으로 찾고자 기대해서는 안 된다.
자연에 있어서의 결합관계와 형식들이 목적에 따라 결정된다
고 하는 것은 자연의 기계적 조직에 의한 인과율만으로는 충분
하지 못한 경우에 자연현상들을 규칙 아래에 통합하기 위한 원
리인 것이다. 칸트는 형식적이고 객관적인 합목적성을 기하학
에서의 도형을 예로 들어 설명한다. 어떤 원리에 의해 그려지는
모든 기하학적 도형은 그 자체가 다양하면서도 객관적인 합목
적성을 나타낸다. 이 경우에 합목적성은 주관적이거나 감성적
이지 않으며 객관적이요 지적知的이다(*KdU*, 제62절, 271쪽). 이러한
합목적성은 그 도형을 통해 우리가 의도하는 다양한 형태를 산
출해내는 데 적합하다. 기하학적 도형은 여러 가지 인식작용에
대해 그것들의 단순한 구성에서는 선천적인 합목적성을 지니
며, 그런고로 우리는 아름답다고 부른다. 미적 판정은 인식 능

력들의 자유로운 유희에 의한 주관적 합목적성을 나타내고, 객관적 합목적성으로서의 지적 판정은 다양한 목적에 대한 유용성을 인식시켜 준다(*KdU*, 제62절, 278쪽).

사물기원의 인과성을 밝히는 데 있어 자연의 기계적 조직에서가 아니라 그 작용능력을 개념들에 의해 규정되는 원인 속에서 찾는 일은 그 사물이 목적으로서 가능하다는 말이다. 사물의 형식은 자연법칙에 따라 가능한 것이 아니다. 오히려 그 형식을 원인과 결과에서 경험적으로 인식하려 해도, 여기에는 오성보다는 이성의 개념들이 전제되어야 한다. 이성이 자연산물의 산출과 관련된 조건들을 통찰하려고 할 때, 자연산물의 개개 형식에 관해 그 형식의 필연성을 인식해야함에도 불구하고 이성은 주어진 형식에 관해서 이러한 필연성을 상정할 수 없다. 모든 자연경험에 적용되는 자연법칙에도 불구하고 사물의 형식은 이성과의 관계에 있어서 우연성을 지닌다. 이러한 우연성이 자연산물의 인과성을 상정한다. 이 인과성은 마치 바로 이 우연성으로 인해 이성에 의해서만 가능한 것처럼 생각해야 하는 하나의 근거인 것이다. 이때 이러한 인과성은 바로 다름 아닌 목적에 따라 행위하는 능력이다(*KdU*, 제64절, 285쪽).

"하나의 사물이 스스로의 원인이면서 결과인, 그 사물은 자연

의 목적으로 현존하게 된다"(*KdU*, 제64절, 286쪽). 이때 자연산물로
서 인식되는 어떤 것은 자연의 목적으로 판정된다. 자연산물이
면서 동시에 자연목적으로서만 가능하다고 인식되는 사물이란
자기 자신에 대하여 원인과 결과로서 상호적으로 관계할 수밖
에 없다. 자연목적으로서의 어떤 사물에게 요구되는 바는 부분
들이 전체와의 관계에서만 가능하다는 것이다. 사물 그 자신이
하나의 목적이며, 그 사물은 그곳에 포함되어 있어야 할 모든 것
을 선천적으로 규정해야 하는 개념이나 이념 아래에 포괄되어
있다. 자연산물로서의 어떤 사물이 자기 자신과 자신의 내적 가
능성 속에 목적에 대한 관계를 포함하고 있어야 한다면, 그 사물
의 부분들이 그 형식의 원인이자 결과가 됨으로써, 이들 각 부분
들이 통합하여 하나의 전체로 통일되어야 한다. 유기적 존재자
는 자신을 번식시키고 물질을 유기화有機化하는 힘, 즉 형성력을
내면에 지니고 있다. 이 힘은 기계적 조직만으로는 설명될 수
없는 생명의 유비물이다. 유기적 존재자는 자연의 목적으로서
만 가능하다(*KdU*, 제65절, 295쪽). 유기적 산물을 이루는 여러 부분
들은 각각의 위치에 합당하게 결합되어 생명을 유지한다. 칸트
에 의하면, 유기적 존재자의 내적 합목적성을 판정하는 격률格率
은 생물 연구가들이 일반적인 자연법칙을 버릴 수 없듯이, 이러

한 목적론적 원칙을 버릴 수 없다.

자연개념의 이념은 표상表象의 절대적 통일이다. 만약 이념의 이러한 통일이 형식에 있어서 인과성의 자연법칙을 선천적으로 규정하는 근거로서도 사용될 수 있어야 한다면, 자연목적이 자연사물의 모든 것에 두루 미치지 않으면 안 된다. 사물의 형식이 부분적으로 자연의 기계적 조직에 의존할 아무런 근거가 없다면, 서로 다른 원리들이 혼합됨으로써 판정의 확실한 규칙이 남아 있지 않을 것이다. 자연목적의 관점에서 보면, 하나의 전체로서의 자연은 유기적 통일성을 이루고 목적의 체계로서 간주될 수 있다. 외적 합목적성은 자연 사물들을 동시에 자연목적으로 보아 그것들의 현존재를 설명하기 위한 근거로 삼는다. 그 자체만으로는 목적이라고 보아야 할 아무런 근거가 없는 사물에 관하여 그 외적 관계는 단지 가설로서만 합목적적이라고 판정될 수 있다. 사물의 현존을 자연의 목적이라고 간주하기 위해서는 우리의 모든 목적론적 인식을 뛰어넘는 초감성적인 것에다 자연을 관련시킬 필요가 있다(*KdU*, 제67절, 299쪽).

자연목적으로서의 물질이라는 개념은 목적의 규칙에 따르는 하나의 체계로서의 전체 자연이라는 이념에 따른다. 목적론적 판단력의 영역은 자연의 합목적적 질서를 상정하는 것이며, 규제적 원리로서의 합목적성의 이념이다. 우리는 자연에서 목적론의 개념에 따라 우리들이 사유할 수 있는 산물을 산출하는 능력을 발견한다. 칸트는 자연과학의 내적 원리로서 목적론의 원리를 끌어들인다. 자연에서의 합목적성을 설명하기 위해 자연과학과 그 맥락 속에 신의 개념을 끌어넣고, 그 다음 신의 존재를 증명하기 위해 합목적성을 이용하는 것은 자연과학과 신학 어느 것도 존립하지 못하도록 한다. 우리는 자연을 넘어서 그 위에다 오성적 존재자를 놓으려 하지 않는다. 이성을 기교적으로 사용할 때, 우리는 우리들 자신이 인과성과의 유비에 의해 자연의 인과성을 표현한다. 이는 우리가 자연의 어떤 산물을 탐구할 때에 따라야 할 규칙을 염두에 두는 것이다. 자연의 내적 목적으로서의 유기적 조직은 기술에 의해서 그와 유사한 것을 나타내려는 모든 능력을 무한히 넘어선다. 외적인 자연현상이나 활동에 관해서 자연학은 물론 그러한 것의 기계적 조직을 고찰하기는 하지만, 이런 자연현상이나 활동이 목적과 맺고 있는 관계가 그 원리에 따라 필연적으로 속하는 조건인 한, 이 관계는 자연학이 드러낼 수 없다(*KdU*, 제68절, 310쪽).

3. 목적론적 판단력의 변증론

앞서 언급한 바와 같이, 목적론적 판단력이란 자연의 객관적 합목적성을 오성과 이성에 의해 판정하는 능력이며, 이는 반성적 판단력의 원리들에 따라 활동하는 반성적 판단력 일반에 속한다. 어떤 사물이 목적에 따라서 가능한 사물들의 성질들과 합치하는 경우에 그 사물들의 형식의 합목적성이 나타난다고 말한다. 원래 합목적성이란 경험을 구성하거나 현상을 규정하지 않는다. 목적론적 판단력의 변증론을 다루는 이유는 반성적 판단력의 이념을 올바르게 이해하기 위함이고, 그것들은 규제적 원리일 뿐 구성적 원리일 수 없다는 점을 밝히는 일이다.[122] 규정적 판단력은 원리로서 주어진 법칙이나 개념들 아래에서만 포섭될 수 있다. 그리고 그 자신만으로서는 객체의 개념을 확립할 수 있는 어떠한 원리도 갖고 있지 않으며, 그 자신이 이율배반에 빠질 염려가 없다. 반성적 판단력은 아직 주어져 있지 않은 법칙 아래에 포섭되어야 한다. 자기 자신에 대하여 원리가 될 수밖에 없는 반성적 판단력은 자기의 격률을 가지고 있어서 판단력이 개념을 요구하는 경우, 그런 격률을 매개로 하여 이성개념에 도달한다. 그리하여 반성적 판단력의 필연적 격률들 사이에는 충돌이나 모순, 이율배반이 생기게 되고, 이의 해소를 위해 변증론이 요구된다(*KdU*, 제69절, 312쪽).

이성은 외적 감관의 대상들을 총괄하는 것으로서의 자연을 다루는 데 있어 법칙들 위에 기초를 두고 있다. 그 법칙들 가운데 일부는 오성이 경험적 규정들을 통해 무한히 확장될 수 있는 것들이다. 판단력이 경험법칙에 따라 자연의 통일을 기대하려면, 하나의 법칙이 필요하다. 판단력은 반성에 있어서 두 개의 격률에서 출발한다. 하나는 오성이 판단력에 대하여 선천적으로 시사해주는 격률에서 출발하는 경우이다. 다른 하나는 특수한 경험들이 이성을 활동시켜 하나의 특수한 원리에 따라 물리적인 자연과 자연법칙들을 판정함으로써 환기되는 격률이다. 그런데 이 두 격률은 병존할 수 없다. 첫째의 격률은 정립으로서 물질적 사물 및 그 형식들의 모든 산출은 다만 기계적인 법칙에 따라 가능한 것으로 판정될 수 없다. 이러한 사물을 판정하기 위해서는 목적인目的因의 법칙을 필요로 한다. 첫째 격률은 인과성의 법칙이다. 둘째 격률은 목적인의 원리를 필요로 하며, 첫째 격률에 따르는 반성이 이 격률에 의해 폐기되는 것이 아니라 오히려 첫째 격률을 따르도록 요구한다. 반성적 판단력의 격률을 통해서 우리의 이성은 두 가지 결합을 하나의 원리 안에서 합일시킬 수 없으며, 판단력은 반성적 판단력으로서 자연에 있어서의 어떤 형식들에 대해서는 자연의 기계적 조직과는 다른 원리를 그런 형식을 가능하게 하는 근거로 생각하지 않을 수 없게 된다(*KdU*, 제70절, 316쪽).

물리적이고 기계적인 설명방식의 격률과 목적론적 혹은 기교적인 설명방식의 격률 사이에 이율배반이 성립하는 것처럼 보인다. 우리의 인식 능력은 자연의 기계적 조직이 어떻게 하여 유기적 존재를 산출해내는가 하는 근거를 설명해주지 못한다. 하지만 반성적 판단력의 경우에 있어서는 목적에 따라 행위하는 세계원인의 인과성이라는 개념을 반성의 실마리로 사용한다. 우리는 유기적 자연산물을 내적인 근거에서 보아 통찰할 수 없거니와 자연을 가능하게 하는 내적 원리에도 도달할 수 없다. 자연의 유기적 존재자들과 그것들이 어떻게 기능하는가는 목적인의 개념에 따라 판단해야 한다.

자연산물들에 있어서 목적과 유사한 것이 발견되기 때문에 우리는 자연의 활동방식을 기교技巧라 부른다. 목적인에 따르는 자연의 생산능력이 특수한 종류의 인과성으로 간주될 때는 의도적 기교이고, 특수한 인과성이 근본에 있어서는 자연의 기계적 조직과 동일하며 무의도적인 경우가 자연의 기교이다. 기교

란 원래 의도적인 것이나 자연의 메커니즘과 연관될 때엔 무의
도적이 된다. 즉, 의도의 여부와 관계없이 기계적으로 발생하기
때문이다. 목적인에 관한 자연설명의 여러 체계를 논하는 데에
있어 체계들은 합목적적 산물의 원인을 판단하기 위한 주관적
격률에 관해서는 서로 충돌하지 않는다(*KdU*, 제71절, 321쪽). 목적
의 규칙에 따르는 자연의 생산력에 관해서는 두 체계가 있는바,
하나는 자연의 모든 합목적성이 무의도적이라고 주장하는 자연
목적의 관념론의 체계이고, 다른 하나는 유기적 존재자들에게
있어 자연의 약간만이 합목적성이 의도적이라고 주장하는 자연
목적의 실재론의 체계이다. 자연목적의 관념론의 체계는 두 가
지로 나뉜다. 자연산물들의 합목적적 형식을 물질과 운동의 우
연적인 관계로 보는 입장과 숙명적이라 보는 입장이다. 또한 자
연목적의 실재론의 체계는 목적의 근거를 물질의 생명 위에 두
는 물리적 물활론과 우주의 근원적 근거와 의도를 갖고서 산출
하는 오성적 존재자로부터 자연의 합목적적 형식에 근거를 두
는 초물리적 유신론이 그것이다. 어떻든 이들 체계는 자연목적
에 대한 근거를 온전하게 설명하지 못한다.

반성적 판단력이 경험적 인식의 다양함을 체계적으로 정돈하
고 통일하려는 뜻에서 '자연의 기교'를 수행하고자 할 때, 자연

의 기교는 제반 사물이 우리들의 판단력과 맺고 있는 관계를 일컬으며 이 안에서만이 우리는 자연의 합목적성의 이념과 만날 수 있다. 자연목적으로서의 사물의 개념은 경험으로부터 주어질 수 있는 개념이 아니라, 대상을 판정함에 있어서 하나의 이성원리에 따라서만 가능한 개념이다. 따라서 이를 반성적 판단력과 비교해보면, 이 목적 개념은 단지 규제적인 원리이므로 그것의 객관적 실재성은 전혀 통찰될 수 없거니와 독단적으로 정초될 수도 없다(*KdU*, 제74절, 330쪽). 자연목적의 개념은 자연산물이라는 개념으로서는 자연의 필연성을 자신 속에 내포하고 있지만, 또한 동시에 바로 동일한 사물에 있어서 객체의 형식적 우연성을 목적으로 지니고 있다. 자연의 유기적 산물들을 탐구하고자 할 때, 우리는 자연의 근거에다 '의도'라는 개념을 상정할 수밖에 없게 된다. 실제로 우리는 자연의 목적을 의도적인 목적으로서 관찰하는 것이 아니라, 자연의 산물들을 반성함에 있어서 이 목적의 개념을 판단력의 길잡이로 생각한다. 자연에 있어서의 목적은 객체를 통해서가 아니라 반성적 주체를 통해서 우리에게 주어진다.

자연산물의 내적인 가능성을 인식하는 데 있어 그 근저에 우리는 합목적성을 인정해야 한다. 우리가 그러한 합목적성을 사유할 수 있고 또한 이해할 수 있으려면, 우리는 그러한 자연산물들을 신의 산물로서 표상할 수밖에 없다. 자연의 합목적성이라는 개념은 적어도 자연에 관한 인간의 판단력에 대해서는 필연적인 개념이다. 하지만 객체 그 자체를 규정하는 데는 기계적으로나 인과적으로 관여하지 않는다. 왜냐하면 자연의 합목적성은 판단력에 대한 이성의 주관적 원리요, 격률이기 때문이다. 그럼에도 이 원리는 우리들 인간의 판단력에 대해서 마치 객관적인 원리인 것처럼 필연적으로 타당하게 적용된다(*KdU*, 제76절의 주해). 우리가 자연의 산물들을 자연법칙의 인과성과는 다른 유의 인과성, 즉 목적과 목적인의 인과성에 따라서만 가능한 것으로 표상한다면, 이는 우리 오성의 특수한 성질에서 비롯된다. 오성의 이러한 특수성이 칸트의 목적론을 이해하기 위한 관건이 된다.

물론 자연의 기계적 조직을 떠나서는 사물들의 자연적 본성에 대한 어떠한 통찰에도 다다를 수 없다. 반면에 자연의 산물들에 있어 목적의 원리는, 비록 이 원리가 자연의 산물들의 발생방식을 잘 설명해주는 것은 아니지만, 자연의 특수한 법칙들을 탐구하기 위한 하나의 발견적 원리인 것이다. 그러므로 목적론적 원리는 보편적으로 적용되거니와, 그 특수성으로 인해 다 담아

내지 못하는 자연산물의 생기生起 현상을 설명하는 데 적용된 반성적 원리인 것이다. 기계적 원리와 목적론적 원리는 하나의 현상을 서로 다른 원리로부터 연역해낼 수 있는 원칙으로서 자연의 동일한 사물에서 결합될 수는 없다(KdU, 제78절, 356쪽). 이 두 원리를 어떻게 통합하는가 하는 문제는 반성적 판단력을 어떻게 해명할 수 있느냐 하는 근거에 달려 있다. 두 원리를 통합하는 공통적인 원리는 초감성적일 수밖에 없으므로, 우리는 오성의 제약으로 인해 두 원리를 동일한 자연산물을 설명하는 방식으로 통합할 수는 없다. 다만 우리는 목적론의 원칙이 반성적 판단력의 격률이요, 우리들에게 주관적으로만 타당하다는 사실을 안다. 그럼에도 이 두 원리는 자연의 초감성적 기체 가운데 있으며, 하나의 원리 아래에 통합될 수 있다. 기계적 원리와 목적론적 원리가 통합되는 초감성적 원리의 존재를 어떻게 보장받을 수 있는가는 여전히 문제로 남는다. 하지만 칸트에 의하면, 자연산물의 인과성에 적용되는 기계적인 원리에도 불구하고 자연의 산물이 지니고 있는 유기적 특성을 우리는 이성의 본질적 성질에 따라 목적인적目的人的 인과성에 종속시켜야 한다(KdU, 제78절, 363쪽).

4. 목적론적 판단력의 방법론:
자연의 최종목적, 자연신학과 윤리신학

칸트는 자연의 목적론적 합목적성을 설명하면서 일반적으로 자연세계의 형성과정을 기계론적으로 보려는 입장과 목적론적으로 보려는 입장을 종합 통일하려고 시도하였다. 칸트가 내세운 자연의 합목적성은 전통적인 자연학이나 신학에 포함되어 있지 않은 특수한 인식 능력으로서의 판단력인 까닭에 여기에서는 이론적인 설명과 원리적인 인식을 의도하기 보다는 그 목적론을 어떻게 다루느냐 하는 방법론에 중점을 두고 있다. 이때 중요한 것은 자연의 기계론적 조직이 자연의 목적론적 의도에 종속되어 있다는 점을 밝히는 일이다. 즉 자연의 목적론적 의도가 기계론적 의도까지를 자신의 내부에 넓게 포괄하고 있음을 밝히는 것이다. 칸트는 반성적 판단력을 내세움으로써 자연의 기교 배후에 규제적 원리로서의 목적론적 합목적성이 상정되고 있음을 시사한다.

목적론은 특수한 인식 능력인 판단력의 비판에 속한다. 목적론이 선천적인 원리들을 지니고 있는 한, 어떻게 목적인의 원리에 따라 자연을 판단해야 하는가 하는 방법을 제시할 수 있으며 또한 제시해야만 한다(*KdU*, 제79절, 366쪽). 목적론의 방법론은 이론적 자연학에서의 방식에 소극적인 영향을 끼친다. 어떤 사물을 자연목적으로 설명할 때, 기계적 조직의 원리는 목적론적 원리 아래에 종속된다. 기계론적 방법만으로는 판단력의 원리에 따라 자연목적으로서의 사물들을 설명할 수 없다. 자연목적으로서의 어떤 사물을 해명하는 일은 인식의 원리로서 규정적 판단력이 수행한다. 이에 반해 반성적 판단력에 있어 목적의 개념은 해명의 원리가 아니라 구별하고 선택하며 판단하는 원리이다. 자연산물로서의 자연목적을 설명하는 데에 있어 기계적 조직은 늘 목적론적 원인에 붙어 다닌다. 만일 자연산물의 기계적 조직이 목적론적 근거에 부수되지 않는다면, 그러한 유기적 존재자의 한갓된 목적론적 근거만으로는 그러한 존재자를 동시에 자연의 산물로서 고찰하고 판정하기에 충분하지 못할 것이다.

유기적 존재자들의 산출에 대해 목적론적 원리가 상정될 때, 기회원인론과 예정설을 내적 합목적성의 기초로 삼을 수 있다. 외적 합목적성은 자연의 어떤 사물이 유기적 존재자에 대하여 목적에 대한 수단이 되는 경우의 합목적성이다. 내적 합목적성은 어떤 대상의 현실성 그 자체가 목적이냐 아니냐에 상관없이 그 대상의 가능성과 결부되어 있다. 자연의 내적 합목적성은 자연목적으로서의 자연산물에 가까이 있다. 유기적 조직의 내적 합목적성과 연관을 갖는 유일한 외적 합목적성이 있다. 이는 곧 자기 종種의 번식을 위해서 상호관계하는 양성兩性의 유기적인 조직이다. 유기적 존재에 있어서는 그것의 내적 가능성을 위해 우리는 이미 목적에 따르는 인과성, 즉 창조적 오성을 표상하고 있다. 우리가 목적인目的因에 따르는 자연계에 있어 하나의 체계를 생각할 때, 이와 같은 체계가 가능하기 위해서는 자연의 최종목적이 반드시 필요하다. 우리는 목적론적 체계의 정점에다 자연의 최종목적을 둔다. 우리가 자연을 하나의 목적론적 체계로 볼 때, 이러한 체계가 가능하기 위해 필요한 자연의 최종목적은 바로 인간인 것이다. 거듭 말하지만, 인간은 자연의 최종목적이자 그 자신이 궁극목적이다(*KdU*, 제83절, 390쪽).

인간의 모든 목적 가운데 자연에 있어서 남는 것은 오직 형식적 주관적 조건, 즉 유용성이나 유능성이라는 조건이다. 유능성이란 일반적으로 자기 자신의 목적을 세우고, 자연을 자신의 자유로운 목적 일반의 격률에 맞도록 수단으로 삼아 사용하는 것을 말한다. 이런 유능성을 산출하는 일이 곧 문화이다. 칸트에의하면, 문화란 "임의의 목적 일반에 대한 이성적 존재자의 유능성을 산출하는 것"(*KdU*, 제83절, 391쪽)이다. 인류에 관한 한, 문화만이 자연에 귀속시켜야 할 이유가 있는 최종목적일 수 있다. 즉, 문화적 존재로서의 인간은 자연의 최종목적이다. 이때 숙련성의 도야는 목적일반을 촉진하기 위한 유능성의 가장 중요한 주관적 조건이 된다. 문화를 위한 요건은 경향성의 훈련이다. 경향성은 근본적으로 의무에 반하는 것으로서 인간성의 발전을 어렵게 하지만, 자연의 합목적적 노력은 인간으로 하여금 향락의 경향성들을 극복하고 인간성의 발전으로 나아가게 한다. 칸트는 목적론적 체계로서 자연의 합목적성을 말하면서, 인간 자신 안에 있는 목적으로서 은혜로운 자연에 대한 만족을 질료적이라 하고, 유능성이나 숙련성에 의한 문화는 형식적이라고 한다. 이때 질료적이란 대상의 객관적 측면을 강조하여 말하는 것이며, 형식적이란 주관적 태도의 형식성을 말한다.

　칸트가 윤리신학을 논의하는 근본이유는 창조의 궁극목적을 해명하기 위함이다. 칸트에 의하면, "궁극목적이란 자신이 가능하기 위한 조건으로서 다른 어떠한 것도 필요로 하지 않는 목적"(*KdU*, 제83절, 395쪽)이다. 자연의 합목적성을 밝히는 데 있어 자연의 기계조직을 그 근거로 상정할 경우에 우리는 다만 사물들의 물리적 가능성만을 알 수 있을 뿐, 세계의 사물들이 무엇을 위해 그리고 왜 존재하는지 그 근원을 알 수 없다. 궁극목적은 자연법칙에 따라 기계적으로 산출할 수 있는 목적이 아니다. 인간 현존재는 최고의 목적 그 자체를 원래 자신 속에 가지고 있어서, 이 최고의 목적에 전체 자연을 포섭하려고 한다. 이 최고의 목적에 반해서는 자연의 어떠한 영향도 받지 않는다. 앞서 말한 바와 같이, 인간은 창조의 궁극목적이요, 최종목적이다. 도덕성의 주체인 인간에게 있어서만 목적에 관한 무조건적인 입법이 이루어진다. 이 무조건적 입법은 인간으로 하여금 전체 자연을 목적론적으로 포섭하게 하는 궁극목적의 특성이다.

자연신학은 경험을 통해 인식할 수 있는 자연목적들로부터 지고한 원인과 그 특성을 추론하려는 이성의 시도이다. 자연신학은 우리로 하여금 목적에 따라 사물들을 이해할 수 있게 한다. 그런데 자연신학은 실제로 신학을 정초하려는 의도를 달성하지 못하고, 늘 자연목적론에 머무르고 만다. 왜냐하면, 자연신학에 있어서의 목적관계는 언제나 궁극목적과는 무관하게 자연 안에서 제약을 받기 때문이다(*KdU*, 제85절, 402쪽). 판단력이 목적론적으로 판정할 수밖에 없는 객체를 가능하게 하는 것은 바로 자연의 기계적 조직이다. 자연의 기계적 조직을 오성적인 세계 창시자의 건축술에 종속시키는 원리를 우리는 이성능력 가운데 가지고 있다. 자연신학이 근거를 두고 있는 이성사용의 이론적 원리에 의해서는 우리가 자연을 목적론적으로 판정하는 데에 충분한 신성神性이라는 개념을 도출할 수 없다(KdU, 제85절, 406쪽). 자연목적론이 우리로 하여금 신학을 찾게 하지만, 신학을 곧장 만들어낼 수는 없다. 우리가 자연목적론을 가능한 한 신학의 영역에까지 확장하려 해도, 우리는 인식 능력의 성질과 원리에 따라 우리에게 알려진 합목적적 질서 가운데에 있는 자연을 하나의 오성이 만들어낸 산물이라고 생각할 수밖에 없다. 자연신학은 단지 신학 일반에 대한 예비학으로서 유용할 뿐, 자연목적론으로 이해되는 것은 아니다(KdU, 제85절, 410쪽).

윤리신학이란 이성적 존재자가 선천적으로 인식 가능한 도덕적 목적으로부터 자연의 지고한 원인과 그 특성을 밝히려는 시도에서 성립된 것이다. 다양한 피조물들이 대규모의 기술적 기구를 가지고 있으며, 합목적적으로 얽혀진 다양한 연관을 가지고 있고 또한 이러한 피조물들의 많은 체계들을 통합한 전체가 있다 하더라도, 이성적 존재자 일반으로서의 인간이 없다면, 그것들은 아무런 목적이 없는 셈이다. 목적의 원리에 따르는 절대적 전체로서 자연을 고찰하는 경우에, 인간은 자연을 인간의 행복에 합치하는 것으로 설명해줄 수 있는 이론적 근거로 삼는다. 자연은 인간의 행복을 거스르지 않고 이에 합치하는 이유를 설명하기 위한 이성적 근거를 마련하기 위해 창조의 궁극목적으로서의 인간을 전제한다(*KdU*, 제86절, 411쪽).

인간이 욕구 능력의 자유를 근거로 하여 어떠한 원리에 의해 행위하는가에 따라 인간가치의 본질이 정해진다. 욕구 능력의 자유는 선의지이고, 이 선의지에 의해 인간 현존재는 절대적 가치를 지닐 수 있다. 선의지와의 관계에 의해서 세계의 현존재는 하나의 궁극목적을 지니게 된다. 칸트에 의하면, 우리의 실천이성은 도덕적 원리를 매개로 하여 최초로 신 개념을 만들어냈다. 따라서 종교란 신에 대한 도덕적 인식이요, 윤리적인 접근인 셈이다. 인간 현존재의 내면적이고 도덕적인 목적규정이 자연의 모자람을 보충한다. 모든 사물들의 현존재의 궁극목적에 관해서는 윤리적인 원리 이외에 어떠한 원리도 이성에게 만족을 주지 못한다. 인간 현존재의 내면적이고 도덕적인 목적규정은 모든 사물들의 현존재의 궁극목적에 대하여 전체 자연을 궁극적인 의도에 종속시킬 수 있는 궁극원인을 생각하도록 지시함으로써 자연에 대한 지식이 안고 있는 결함을 보충해준다(*KdU*, 제86절 주해, 418쪽).

5. 신의 현존재에 관한 도덕적 증명

신의 현존재는 이론이성의 세계에 바탕을 두고서는 근본적으로 증명될 수도, 제시될 수도 없다. 신에 관한 칸트의 기본적인 생각과 태도는 도덕적인 요청이다. 이론적인 반성적 판단력과 비교해볼 때, 자연 목적론은 오성적 세계 원인의 현존재를 상정하기에 충분한 근거를 제공해준다. 우리의 내부에 자유를 부여받은 이성적 존재자 일반에게는 도덕적 목적론이 적용되거니와, 도덕적 목적론은 그 자신의 내적 합법칙성을 명시하기 위해 우리들의 외부에 어떠한 오성적 원인도 필요로 하지 않는다(*KdU*, 제87절, 419쪽). 도덕적 목적론은 자연을 내면적인 도덕적 입법 및 그것이 가능한 현실과의 관계에 있어서도 합목적적인 것으로 표상하기 위해 우리의 이성적 판정으로 하여금 이 세계를 초월하도록 강요한다. 도덕적 목적론은 자연과 우리 내부의 도덕적인 것과의 관계에 대해 하나의 지고한 오성적 원리를 찾도록 한다.

도덕적 법칙은 궁극목적이 요구하는 바와 같이, 어떤 것을 목적으로서 무조건 이성에 대하여 지정해주는 특이한 성질을 가지고 있다. 그러므로 목적관계에 있어서 자기 자신에게 지고한 법칙일 수 있는 그와 같은 이성의 현존만이 세계 현존재의 궁극목적이다(*KdU*, 제87절, 421쪽). 우리가 자유를 사용함에 있어서 이성의 형식적 조건으로서의 도덕적 법칙은 실질적 조건으로서의 어떤 목적에 좌우됨이 없이 그 자체만으로 우리에게 의무를 지워준다. 도덕적 법칙은 우리에게 선천적으로 하나의 궁극목적을 지정해주며, 여기에 도달해야 할 의무를 지워준다. 자유에 있어서 가능한 이 궁극목적은 이 세계에 있어서의 최고선이다(*KdU*, 제87절, 423쪽). 도덕적 법칙에 맞추어 궁극목적을 설정하기 위해서는 하나의 도덕적 세계원인인 신을 상정해야 한다. 궁극목적이 필연적인 한에 있어 그만큼 도덕적 세계원인도 필연적으로 상정되는 것이다. 칸트에 의하면 신의 존재는 최고선에 이르는 필수 조건이다.

도덕법칙에 따라 자유를 행사할 때 궁극목적의 이념은 주관적 실천적 실재성을 지닌다. 그런데 우리는 이성에 의해 세계의 최고선을 촉진하도록 선천적으로 규정되어 있다. 세계의 최고선이란 이성적 세계 존재자들의 최대의 복지가 그들에게 있어서의 선善의 최고조건과 결합되는 데서 이루어진다. 그런데 자연의 궁극목적을 자연 자체 안에서 찾는다는 것은 헛된 일이다. 궁극목적의 이념이 실천이성 안에만 있듯이, 궁극목적은 그 객관적 가능성의 측면에서 보면, 이성적 존재자들 안에서만 찾을 수 있기 때문이다(*KdU*, 제88절, 430쪽). 이성적 존재자들은 실천이성을 통해 궁극목적을 제시하고, 창조의 궁극목적의 개념을 규정해준다. 궁극목적은 도덕적 법칙에 따르는 실천이성에 대해서 사용된다. 최고의 도덕적 창시자가 현실적으로 어떠한가의 문제는 이성의 실천적 사용에 의해서만 밝혀진다. 자연적 목적은 신이라는 이념이 이론적 입장에서 판단력에 대해 이미 가지고 있는 실재성에 의해서 이 이념의 실천적 실재성을 보장해준다. 최고 존재자의 이런 특성을 우리는 단지 유비類比에 의해서 사유할 수 있다.

내세의 희망에 관한 모든 것이 우리의 현존재를 실천적이고 필연적인 관점에서 목적론적으로 판정하게 한다. 우리가 사후에도 존속하는지의 여부는 이성이 우리에게 절대적으로 부과한 궁극목적의 실현을 위한 필요조건으로서 상정하는 일에 맡겨져 있다. 우리의 영원한 현존에 관한 문제는 도덕적 목적론의 추론에 의존할 수밖에 없다(*KdU*, 제89절, 443쪽). 초감성적인 존재자의 개념에는 우리에게 가능한 어떠한 직관도 대응하지 않는다. 사물의 자연적 본성에 관한 보편적 원리 아래에는 초감성적 존재자라는 특수한 개념이 포섭되어 있다. 자연목적으로서의 세계의 사물들을 보면, 근원적 존재자의 인과성은 우리가 예술작품이라고 부르는 일정한 산물들의 형식의 근거가 되며, 우리는 이를 어떤 오성과 유비에 의하여 사유해도 무방하다.

칸트에 의하면, 신성神性으로서의 근원적 존재자의 현존재 또는 불멸적 정신으로서의 영혼의 현존재에 대해 증명하는 일이란 인간이성에게는 결코 가능한 것이 아니다. 초감성적인 것의 이념을 규정하기 위한 소재가 우리에겐 전혀 없는 까닭에, 우리는 이 소재를 감성계에 있는 사물들로부터 구해 올 수밖에 없다. 하지만 감성계로부터 얻어 오려는 그와 같은 소재는 초감성적인 객체엔 절대로 적합하지 않다. 따라서 감성계의 일체의 규정을 떠나 버리면 비감성적인 어떤 것이라는 개념이 남게 된다. 이 비감성적인 어떤 것은 감성계의 최종근거를 내포하고 있긴 하나, 이 최종근거는 비감성적인 어떤 것의 내적 성질에 관해서는 어떠한 인식도 구성하지 못한다(*KdU*, 제90절, 453쪽). 따라서 최종근거는 비감성적인 것이 아니라 초감성적인 것이어야 한다.

최고선最高善이라는 개념이 객관적으로 실재하느냐의 여부는 이론적 이성사용을 통해서는 충분히 밝혀질 수 없다. 최고선이라는 개념의 사용은 실천적 순수이성이 명령하는 바에 따라 가능하기 때문이다. 신과 관련한 최고 존재자는 궁극목적을 실현시킬 수 있는 유일한 희망이다. 신앙은 이성의 도덕적 태도이다. 신앙은 도덕적 궁극목적의 가능을 위한 조건으로서 필연적으로 전제되어야 한다. 신앙은 어떤 의도를 촉진하는 일이 의무인 때에, 그 의도의 도달에 대해서 갖게 되는 신뢰다. 신앙은 어떤 것을 참이라고 생각하는 자유로운 의견이긴 하지만, 그것은 이론적 규정적 판단력에 대한 독단적 증명이 발견될 수 있는 것에 관한 의견도 아니며, 우리가 의무로 생각하고 있는 것에 관한 의견도 아니다. 그것은 바로 우리가 자유의 법칙에 따르는 어떤 의도를 위하여 상정하는 것에 관한 자유로운 의견이다.

단지 이론적으로 신과 불멸의 문제를 증명하려는 시도가 종래의 형이상학에서 실패로 돌아간 까닭은 초감성적인 것에 관해서 자연개념을 그대로 도입하려고 했기 때문이다. 자연개념을 도입하기보다는 자유개념의 도덕적인 길을 따라 증명해야 할 것이다. 신, 자유, 영혼불멸의 문제는 지금까지 전통적인 형이상학이 해결을 위한 궁극적인 목표로 삼아왔지만 해결하지 못했다. 그런 뜻에서 종교가 칸트 도덕론의 기초로서 기여했다기보다는 오히려 그의 도덕론 및 인간의 도덕적 본성에 대한 논의가 전적으로 그의 종교적 입장을 확립시킨 근거가 되었다고 하겠다. 우리의 내부에 있는 초감성적인 것의 이념을 규정함으로써 우리의 외부에 있는 초감성적인 것의 개념도 규정하여 실천적인 견지에서 가능한 인식이 되도록 하는 원리를 우리는 우리의 내부에 가지고 있다(*KdU*, 제91절, 467쪽). 이런 관점은 칸트 사상 전체의 구조에 지대한 영향을 미친 것으로 보인다.

VII
맺음말

    지금까지 『판단력비판』을 올바른 읽기와 이해라는 측면에서 살펴보았다. 이제 주된 내용을 다시 한번 강조하며 정리해보기로 한다. 우리가 세계와 만나는 가장 원초적이고 직접적인 방식은 이론적 인식이나 실천적 의지이기에 앞서 정감과 정서를 통해서이다. 그런데 그중에서도 미적 혹은 미감적 정서가 가장 정교한 문제로 등장한다. 실로 우리가 감정을 파악하거나 이해하는 일은 인간이 세계와 직접적으로 만나며 이를 현재화하는 것이다. 이것은 현재라고 하는 시간 안에서 세계와 관계를 맺는 독립적인 방식이다.[123] 느낌 또는 감각이란 세계를 현재화하는 것이고, 세계에 대한 이러한 파악이 곧, 감성적 인식이며, 이는 이성의 확장으로서 자연과 세계에 대한 인식의 폭과 깊이를 더

해준다. 그리하여 삶의 인식을 더욱 풍요롭게 해준다. 인간 인식이 추구하는 본질인 주와 객의 일치가 아직 실현되지 않고 있다는 역설이 바로 반성적 판단력이 도입되는 배경이다. 그것은 본질로서 주어진 동시에 그 실현을 향해 나아가야 할 과제로서 부과된 이념이다. 이때의 이념은 칸트가 「미적 판단력의 변증론」에서 이율배반을 해소하면서 얻게 된 것이다. 미적 이념의 표현은 형식적 성질에 주목함으로써 이루어진다. 칸트의 미적 이념은 이념의 규제적 사용 원리와 아주 가깝게 연결되어 있다. 변증론적 가상은 외관상 구성적으로 보이는 듯하지만, 실제로 규제적 원리에 의해 해결되기 때문이다.[124]

여기서 다시 정신 능력들 일반에 관해 고찰하고, 판단력을 통한 그 매개적인 역할을 살펴보기로 하자. 자연의 이론적 인식 능력에 대해서 선천적인 구성적 원리들을 내포하고 있는 정신 능력은 오성이다. 쾌와 불쾌의 감정에 대해서 그것은 판단력이고, 욕구 능력에 대해서 그것은 이성이다(*KdU*, Einleitung, IX, LVI-VLIII). 오성은 인식 능력에 대해 법칙부여적이고, 이성은 욕구 능력에 대해 법칙부여적이다. 이 양자 사이에 쾌와 불쾌의 감정이 자리한다. 미적 판단은 쾌와 불쾌의 감정에 대해서는 구성적 원리인 것이다. 인식 능력들의 조화가 이러한 쾌의 근거를 내포하고 있다. 이때 인식 능력들의 유희에서의 자발성이 도덕적 감정에 대한 심의의 감수성을 촉진하며, 자연의 합목적성의 개념으로 하여금 자연 개념의 영역과 자유 개념의 영역을 연결하고 또한 매개시켜 준다는 점은 우리가 앞서 살펴본 바와 같다. 어떻든 판단력은 감정의 문제를 다루는 기초적인 능력이며, 미적 소여에 대해 특별한 결정을 내리는 힘이다.[125] 그리고 이 능력은 자연의 합목적성을 인정하는 근거가 된다. 칸트에 의하면 인간은 목적을 이해할 수 있고 합목적적으로 형성된 사물들의 집합을 자기의 이성에 의해 목적 자체로 삼을 수 있는 유일한 존재이다. 이러한 합목적적 해석은 서로 다른 주관적인 감정을 전달 가능하게 하는 공통감으로 이어진다. 공통감은 공동의 감각 즉, 공동체적 감각이지만, 이는 한갓된 감각에 머무르지 않고 공동체적 이념으로서 사교적 내지는 사회적인 의미를 담게 된다.

우리 내부 본성에서의 숭고는 어떠한 저항도 극복하려는 우리 힘의 의식을 환기시켜 주는 강렬한 성질을 지닌 정서이다. 그런데 저항하려는 노력 자체를 불쾌의 대상으로 삼는 나약한 정서가 있을 수 있거니와 이는 숭고하지는 않으나 마음씨의 아름다움으로 생각될 수 있다. 숭고성은 자연의 사물에 있는 것이 아니라 우리의 심의 가운데 있는 것이고, 우리 내부에 이념을 전제로 하여 우리는 존재자의 숭고성의 이념에까지 도달하게 된다. 이는 우리의 내적 이념을 전제로 하여 성립되는 자기감정의 고양인 것이다. 숭고는 주와 객의 역학 관계에서 본다고 해도 객체가 주체를 압도하는 상황이지만, 실제 그 내용을 들여다보면, 주체의 의지의 연장선상에서 숭고의 감정이 나온다는 점을 우리는 인식해야 한다. 우리가 『판단력비판』에서 특히 주목해야 할 관점 중에 하나는 미의 판정 능력으로부터 숭고의 판정 능력으로의 이행이다. 아름다운 것과 숭고한 것은 모두 그 자체로서 만족과 즐거움을 주며, 반성적 판단을 전제로 한다. 자연의 미는 대상의 형식에 관계하며 대상의 형식은 한정되어 있다. 숭고는 몰형식적 대상에서 찾아볼 수 있으며, 이 경우에 무한성이 표상된다. 미적 만족은 성질의 표상과 결부되어 있다. 숭고감은 감탄이나 경외의 감정을 내포하고 있다. 자연은 미의 감정과는 달리 그 혼돈과 복잡함, 무질서와 황폐함, 그 크기와 위력에서 숭고의 이념을 가장 많이 불러일으킨다. 자연대상이 환기하는 미에 대해서는 그 근거를 우리의 외부에서 찾아야 하지만, 숭고미에 대해서는 우리 자신의 내부에서 찾아야 한다. 숭고에 대한 우리의 체험은 그 밑바탕에 도덕성을 암시하고 있기에, 숭고의 감정이란 본질적으로 도덕적 의식의 산물이다. 이러한 도덕성의 암시야말로 칸트가 왜 미의 판정 능력으로부터 숭고의 판정 능력으로의 이행을 말하려는 했는가 하는 이유일 것이다.

우리는 칸트의 논의를 통해 철학적 미학 혹은 예술철학의 근거를 마련할 수 있다. 예술작품들에 대한 평가나 판단은 칸트가 제기한 미적 판단의 중요한 내용을 이룬다. 또한 그의 무관심이론은 관심의 결여라는 부정적인 의미로 해석해서는 안 되며, 관심의 집중 또는 관심의 조화로서 적극적으로 해석해야 한다. 칸트의 『판단력비판』 읽기는 완료형이 아니라 진행형이며 늘 새로운 해석을 요한다. 그가 제기한 미와 즐거움의 반성적 관계를 통해 현대 예술의 장르혼합과 탈장르 현상에 직면하여 『판단력비판』이 작품의 가치와 본질에 대한 해명을 위해서 어떠한 기여를 할 수 있는가 하는 물음은 여전히 문제로 남아 있으며, 이는 우리가 앞으로 더 논의해야 할 과제이다.

주석

1) 김광명, 『칸트미학의 이해』, 학연문화사, 2004, 1장 칸트 철학 체계와의 연관 속에서 본 『판단력비판』의 의미(15-24쪽) 참고.

2) 칸트 『판단력비판』(1790) 출간 200년을 기념하여 내놓은 김광명, 『칸트 판단력비판 연구』(이론과 실천, 1992) 참고.

3) Nick Zangwill, "Kant on Pleasure in the Agreeable," in *The Journal of Aesthetics and Art Criticism*, Vol. 53, No. 2(Spring, 1995).

4) Burkhard Tuschling, "System des transzendentalen Idealismus bei Kant? Offene Fragen der- und an die- Kritik der Urteilskraft," in *Kant-Studien* 86, 200쪽.

5) 칸트의 삶과 연계하여 전개된 그의 사상의 체계성에 대한 세세한 논의는 만프레트 가이어, 『칸트 평전』, 김광명 역, 미다스북스, 2006 참고.

6) I. Kant, *Kritik der reinen Vernunft* (Hamburg: Felix Meiner, 1971), 169. 이하 *KrV*로 약칭하며 본문에 넣어 표기하며, 통례대로 초판은 A, 재판은 B로 표시함.

7) K Gilbert & H. Kuhn, *A History of Esthetics* (Indiana University Press, 1954), 328-332쪽.

8) O. Marguard, "Kant und die Wende zur Ästhetik," in P. Heintel-L. Nagel(eds.), *Zur Kantforschung der Gegenwart*(Darmstadt, 1981), 서문 참조.

9) a priori를 흔히 번역하여 쓰듯, '선천적'이라 하고, '경험에 앞선'의 뜻으로 새긴다. 요즈음 칸트 철학 용어의 우리말 번역 문제에 대해 역자들 간에 다소간 이견이 있으나, 어느 용어로 옮기느냐의 문제도 의미 있는 일이겠지만, 더 중요한 일은 그것이 문맥에 맞게 정확하게 담고 있는

뜻을 아는 일일 것이다.

10) W. Bartuschat, *Zum systematischen Ort von Kants Kritik der Urteilskraft* (Frankfurt a.M.: Vittorio Klostermann, 1972, 246쪽.

11) R. Descartes, *The Principle of Philosophy*, 제1부. Principle XLV., in *The Philosophical Works of Descartes*, trans. E. S. Haldane and G. R. T. Rose, 2 Vols.(Cambridge, 1911), 제1권, 238쪽.

12) René Le Bossu, *Traite du Poéme Épique* (Paris, 1675); Le Bossu and Voltaire on the Epic, Comp. Stuart Curran, Scholars Fassimiles and Reprints; Frnacis X. J. Coleman, *The Harmony of Reason. A Study in Kant's Aesthetics* (University of Pittsburgh Press, 1974), 17쪽 참조.

13) I. Kant, *Kritik der Urteilskraft* (이하 *KdU*로 표시함), Hamburg: Felix Meiner, 1974, E32, E60. 앞으로는 본문에 병기함.

14) A. Batteux, *Les beaux arts reduits a un meme principle* (746). 이 책은 익명으로 *The Polite Arts, or Poetry, Music, Architecture and Eloquence* (London, 1749)로 요약되어 옮겨졌음.

15) F. Bacon *Two Books of the Proficience and Advancement of Learning, Devine and Humane, Works*, J. Spedding/R. L. Ellies/D. D. Heath(eds.), 3 Vols. (London, 1870), 제1권 343-344쪽. 베이컨에 의하면 우리의 의식은 인간 오성의 세 부분들과 관계하고 있다. 즉 역사는 기억에, 시는 상상력에 그리고 철학은 이성에 관계되어 있다(제3권, 329쪽 참조).

16) T. Hobbes, *English Works*. W. Molesworth (ed.), 2 Vols. (London 1839-1849), 제3부, 52쪽.

17) M. C. Beardsley, *Aesthetics from classical Greece to the Present: A Short History* (University of Alabama Press, 1971), 제8장.

18) T. Hobbes, *A Treatise of Human Nature*, 299, 577쪽.

19) D. Hume, *Of the Standard of Taste* (1757), 제2권, 813, 823쪽 이하.

20) 김광명, 『칸트미학의 이해』, 학연문화사, 2004, 2장 판단과 판단력의 의

미 (49-75쪽) 참고.

21) 여기서 독일어로 판단의 의미는 Urteil이다. Beurteilung은 평가를 겸한 판정의 의미로 쓰이며, 판단 일반은 가치를 대상으로 삼는 경향을 지닌다. 그리스어에서 krinein은 비평(critique)의 의미로, 라틴어 judicare는 판단(judge)의 의미로 쓰인다. 칸트에서의 판단력에 대한 비판은 판단력이 수행해내는 능력의 가능성과 한계에 대한 탐구라 하겠다.

22) 사사키 겡이치, 『미학사전』(민주식 역), 동문선, 2002, 283쪽.

23) R. Eisler, *Kant Lexikon*, Georg Olms Verlag, 1984, 558쪽.

24) N. 하르트만, 『철학의 흐름과 문제들』(강성위 역), 서광사, 1987, 62-64쪽.

25) F. 카울바하, 『칸트 비판철학의 형성과정과 체계』(백종현 역), 서광사, 1992, 121-127쪽.

26) 반성적 판단력을 통해 우리가 진정으로 말하고자 하는 것은 바로 비트겐슈타인이 의도했던 '말할 수 없는 것' 자체라고 말할 수도 있겠다. 물론 칸트의 인식의 한계 문제와 비트겐슈타인의 언어의 범위의 문제가 아주 유사하다고 보는 것은 다소 무리가 따른다. 비트겐슈타인의 논점은 이 세계 안에 제시된 것에 대해서만 말할 수 있다는 데에 있기 때문이다.

27) W. Bartuschat, *Zum systematischen Ort von Kants Kritik der Urteilskraft*, Frankfurt a.M., Vittorio Klostermann, 1972, 246쪽.

28) Donald W. Crawford, *Kant's Aesthetic Theory*, The University of Wisconsin Press, 1974, (『칸트 미학 이론』, 김문환 역), 서광사, 1995, 38-39쪽.

29) 칸트의 이런 논변은 주체의 해체와 탈중심화라는 맥락에서, 특히 서양 근대문화 전반에 깔려 있는 자아중심적 혹은 주체중심적 사고를 반성하게 한다는 점에서, 엠마누엘 레비나스(Emmanuel Levinas, 1906-1995)의 '타자성의 철학'에 이르는 어떤 암시를 주고 있다고 하겠다.

30) 여기서 무관심적이란 이론적·실천적 관심에서 벗어난 관심으로서 미

적 관심을 에둘러 표현한 것이다.

31) 아마도 ästhetisch 혹은 aesthetic의 우리말 번역에 있어, 미적, 미감적, 감성적 또는 미학적 등의 의미로 옮기나 새프츠베리(Shaftesbury)나 흄 (Hume)은 '감정의 일종(a sort of feeling)'이나 '마음의 상태(a state of mind)' 로 본다. 바움가르텐과 칸트는 기능 면에서 판단의 한 유형으로 삼는 다. 특히 바움가르텐은 '지각의 한 양태'로도 본다. 어떻든 칸트에서는 감성에 속하며 객체를 표상하는 데 있어 순수하게 주관에만 관계하는 것으로, 혹은 직관에 수반하는 감정에 관계되는 것으로 본다.

32) R. Eisler, *Kant-Lexikon*, 378쪽 이하.

33) '규정이 아니다'라는 의미의 비규정과 '규정되어 있지 않다'라는 무규 정의 의미를 구분할 필요가 있겠다. 말하자면 비규정은 규정의 부정적 의미인 반면에, 무규정은 규정을 위한 잠재태(潛在態)로 보아야 할 것 이다.

34) H. Plessner, *Kants System unter dem Gesichtspunkt einer Erkenntnistheorie der Philosophie*, Frankfurt a.M.: Suhrkamp, 1981, 317-321쪽. 이에 자세 한 논의는 졸고, 「칸트에 있어 감정과 미적 판단의 문제」, 미학 11집, 한 국미학회, 1986, 114-115쪽 참고.

35) A. Baeumler, *Das Irrationalitätsproblem in der Ästhetik und Logik des 18. Jh. bis zur Kritik der Urteilskraft*, 1923, 18-64쪽 참고.

36) Francis X. J. Coleman, The Harmony of Reason: A Study in Kant's Aesthetics, Univ. of Pittsburgh Press, 1974, 160쪽 및 W. Röd, *Dialektische Philosophie der Neuzeit I. Von Kant bis Hegel*, München: C.H. Beck, 1974, 27쪽.

37) Clive Bell, The Aesthetic Hypothesis: Significant Form and Aesthetic Emotion, in: Philip Alperson, *The Philosophy of the Visual Arts*, Oxford Univ. Press, 120쪽.

38) 김광명, 『칸트미학의 이해』, 학연문화사, 2004, 3장 바움가르텐과의 연

관 속에서 본 '에스테틱'의 의미(77-100쪽) 참고.

39) 이 글에서 '에스테틱'이라는 말을, 특히 우리말로 옮기지 않고 원어 그
대로 발음나는 대로 사용한 까닭은 미학, 감성학, 감성론 또는 감성적
인식의 학이라는 의미를 포괄적으로 나타내기 위함이다. 따라서 에스
테틱의 형용사인 '에스테티쉬'는 미적, 미감적, 감성적 등의 의미를 뜻
한다.

40) Heinz Paetzold, *Ästhetik der neeren Moderne- Sinnlichkeit und Reflexion
in der konzeptionellen Kunst der Gegenwart*, Stuttgart: Franz Steiner, 1990,
161쪽.

41) A. G. Baumgarten, *Meditationes Philosophicae de Nonnullis ad Poema
Pertinentibus*. Übersetzt u. mit einer Einleitung hrsg. v. Heinz Paetzold,
Hamburg, Felix Meiner, 1956 §7, 8, 9.

42) I. Kant, *Gesammelte SAchriften*, hrsg. von der Königlich-Preußischen
Akademie der Wissenschaften, Berlin, 1942 (이하 AA로 표시), Bd. 9,
15쪽.

43) Alfred Baeumler, *Das Irrationalitätsproblem in der Ästhetik und Logik des
18. Jahrhunderts bis zur Kritik der Urteilskraft*, Darmstadt, Wissenschaftliche
Buchgesellschaft, 1981, 1쪽.

44) A. G. Baumgarten, *Aesthetica*, 1750, Frakfurt/Oder, 1750/1758(Rept.
Hildesheim, 1970), §1.

45) A. G. Baumgarten, *Texte zur Grudlegung der Ästhetik*, übersetzt und hrsg.
Hans Rudolf Schweizer, Hamburg, Felix Meiner, 1983, Einführung, vii.

46) Vgl. G. W. Leibniz, *Monadologie/ Vernunftprinzipien der Natur u. der
Gnade*, Hrsg. v. H. Herring, Hamburg, 1960, §49.

47) Heinz Paetzold, *Ästhetik des deutschen Idealismus. Zur Idee ästhetischen
Rationalität bei Baumgarten, Kant, Schelling, Hegel und Schopenhauer*,
Wiesbaden, Franz STeiner, 1983, 24쪽.

48) A. G. Baumgarten, *Meditationes*, §92.

49) A. G. Baumgarten, *Meditationes*, §115.

50) A. G. Baumgarten, *Metaphysica*, §640.

51) A. G. Baumgarten, *Aesthetica*, §74.

52) A. G. Baumgarten, *Metaphysica*, §167.

53) A. G. Baumgarten, *Aesthetica*, §14.

54) A. G. Baumgarten, *Meditationes*, §§110, 68.

55) J. Ritter, Ästhetik, Artikel, in *Historisches Wörterbuch der Philosophie*, hrsg. v. J. Ritter, Basel, Stuttgart, Schwabe & Co., 1971, Bd. 1, 559쪽.

56) Christian Wolff, *Psych empirica*, §506.

57) A. G. Baumgarten, *Aesthetica*, §1.

58) Leibniz, *Monadologie*, §26.

59) Alfred Baeumler, 앞의 책, 189쪽.

60) Heinz Paetzold, 앞의 책, 12쪽.

61) A. G. Baumgarten, *Metaphysica*, §640.

62) A. G. Baumgarten, *Aesthetica*, §559.

63) A. G. Baumgarten, *Aesthetica*, §424.

64) Heinz Paetzold, 앞의 책, 13쪽.

65) A. G. Baumgarten, *Metaphysica*, §395.

66) A. G. Baumgarten, *Aesthetica*, §12.

67) Wolfgang Bartuschat, *Zum systematischen Ort von Kants Kritik der Urteilskraft*, 1972, 117쪽.

68) Heinz Paetzold, 앞의 책, 426쪽.

69) Heinz Paetzold, 앞의 책, 39쪽.

70) 김광명, 『칸트미학의 이해』, 학연문화사, 2004, 4장 공통감과 사교성의 문제(101-130쪽) 참고.

71) Hannah Arendt, *Lectures on Kant's Political Philosophy*, ed. and with an

Interpretive Essay by Ronald Beiner, The University of Chicago Press, 1982, Fifth Session, 32쪽.

72) 비판시기 이전에 이미 비판시기 칸트미학의 핵심적인 문제의식과 그 해결방향을 큰 줄기에서 상당한 정도의 '성과'를 얻고 있다면, 이로부터 제3비판이 나오기까지 30여 년간 미학의 출현에 대한 칸트자신의 회의 적이며 소극적인 태도는 아마도 건축술적 체계구성을 위한 엄격한 숙 고의 과정이었을 것으로 생각된다.

73) 막스 뮐러/알로이스 할더, 철학소사전(강성위 역), 이문출판사, 1988, 14쪽.

74) 정대현, "감성의 이성화", 정대현 외 저, 『감성의 철학』, 민음사, 1996, 15쪽. 아울러 N. Goodman, *Languages of Art*, Indiana, 1976 참조.

75) G. W. Leibniz, *Philosophische Schriften*, Hgs. v. Hans H. Holz, Darmstadt, 1985, S.14f.

76) A. Baeumler, *Die Irrationalitätsproblem in der Ästhetik und Logik des 18. Jahrhunderts bis zur Kritik der Urteilskraft*, Halle an der Saale.

77) A. G. Baumgarten, Metaphysica, 3. Teil 1739, 640절, in: Textezur *Grundlegung der Ästhetik*, hrg. v. H. R. Schweizer, Hamburg: Felix Meiner, 1983.

78) E. Cassirer, *Die Philosophie der Aufklärung*, Tübingen: J. C. B. Mohr, 1932, 476쪽 이하.

79) Heinz Paetzold, *Ästhetik der deutschen Idealismus: Zur Idee ästhetischer Rationalität bei Baumgarten, Kant, Schelling, Hegel und Schopenhauer*, Wiesbaden: Franz Steiner, 1983, 13쪽.

80) Jacob und Wihelm Grimm, *Deutsches Wörterbuch*, Leipzig: Vons Hirzel 1987, 2167쪽 이하. 또한 다음을 참조. U. Franke/G.Oesterle, Gefühl, Artikel, *Historisches Wörterbuch der Philosophie*, hg. J. Ritter, Basel/ Stuttgart 1974, Bd.3, 82-89쪽에서.

81) J. N. Tetens, *Philosophische Versuche über die menschliche Natur und ihre Entwicklung*, 2Bde. Leipzig 1777, I. 167쪽 이하.

82) 앞의 책, I, 590쪽; Tetens의 이러한 구분 이래로 Kant에 이르러 더욱 체계를 갖추어 발전되었다고 보인다. 정신의 이론적인 측면이 사유라면, 그 정서적인 측면이 심성이고, 실천적인 측면이 의지이다. 또한 감성의 이론적인 측면이 감각이고, 정서적인 측면이 감정이며, 그 실천적인 측면이 충동이다. Vgl. A. Diemer/Ivo Frenzel, *Philosophie*, Frankfurt a.M.: Fischer 1969, 13쪽.

83) 앞의 책, I, 167쪽 이하.

84) Vgl. A. Baeumler, *Das Irrationalitätsproblem in der Ästhetik und Logik des 18. Jh. bis zur Kritik der Urteilskraft*, 1923(ND.1981), 18-64쪽.

85) J. G. Sulzer, *Allgemeine Theorie schönen Künste*, 4Bde., Leipzig 1771-1774.

86) Wolfahrt Henckmann, "Gefühl", Artikel, Handbuch *philosophischer Grundbegriff*, Hg. v. H. Krings, München: Kösel 1973, 521쪽에서.

87) 이런 논의에 대해, 김광명, 『삶의 해석과 미학』, 문화사랑, 1996.

88) I. Kant, *Prolegomena*, 제22절, Akademie Ausgabe(이하 AA로 표시), IV, 305쪽.

89) Vgl. A. Schöpf u.a., "Erfahrung", Artikel. Handbuch *philosophischer Grundbegriffe*, München: Kösel 1973, Bd.2, 377쪽 이하에서.

90) L. Landgrebe, "Prinzip der Lehre vom Empfinden," *Zeitsch. f. Philosophische Forschung*, 8/1984, 199쪽 이하에서.

91) Vgl. H. Mertens, *Kommentar zur Ersten Einleitung in Kants Kritik der Urteilskraft*, München, 1975, 124쪽.

92) Hannah Arendt, *The Life of the Mind*, New York: A Harvest Book, 1978, One/Thinking, Postscriptum.

93) Hannah Arendt, *Lectures on Kant's Political Philosophy*, ed. and with an

Interpretive Essay by Ronald Beiner, The University of Chicago Press, 1982, First Session, 8쪽.

94) Hannah Arendt, 앞의 책, Sixth Session, 39쪽.

95) Hannah Arendt, 앞의 책, Sixth Session, 40쪽.

96) Hannah Arendt, 앞의 책, Tenth Session, 63쪽.

97) I. Kant, "Reflexionen zur Anthropologie," no. 767, in *Gesammelte Schriften*, PrussianAcademy ed., 15: 334-335, Hannah Arendt, 앞의 책, Eleventh Session, 67쪽.

98) Hannah Arendt, 앞의 책, Eleventh Session, 67-68쪽.

99) Hannah Arendt, 앞의 책, Twelfth Session, 71-72쪽.

100) W. Weischedel, *Kant Brevier* (손동현/김수배 역, 『별이 총총한 하늘 아래 약동하는 자유』, 이학사, 2002)에서 인용, 칸트의 인간학 VI 619 이하.

101) W. Weischedel, 앞의 책, 칸트의 속언에 대하여, VI 166 이하.

102) 김광명, 『칸트미학의 이해』, 학연문화사, 2004, 6장 미와 도덕성의 문제(157-183쪽) 참고.

103) Mochel Lioure, *Le Drame de Diderot à Ionesco, Armand Colin* [『프랑스 희곡사』, 김찬자 옮김(신아사, 1992), 44쪽].

104) Paul Crowther. "The Aesthetic Domain: Locating the Sublime," *British Journal of Aesthetics*, Vol 29(1989), 21쪽.

105) K E. Gilbert/H. Kuhn, *A History of Aesthetics* (Indiana University Press, 1954), 340쪽.

106) Edmund Burke, *Enquiry into the Origin of our Ideas on the Sublime and the Beautiful* (1756), 제7장.

107) 본성과 자연이 똑같이 Natur(nature)라는 사실에 주목할 필요가 있다. 칸트는 내부의 본성을 내부의 자연 혹은 사유하는 자연으로, 외부의 자연을 물리적 혹은 물질적인 자연이라 부른다. 자연의 이중적 의미,

곧 본성으로서의 자연과 현상으로서의 자연이다.

108) I. Kant, *KpV*, Vorrede.

109) D. Crawford, 앞의 책, 132쪽.

110) 김광명, 「칸트에 있어 미적 판단력의 변증론」, 제2회 전국철학자 연합 학술대회회보(경북대, 1989.9), 279-288쪽.

111) M. 레이더/B. 제섭, 『예술과 인간가치』, 김광명 옮김(이론과 실천 사, 1987), 283-285쪽. 미와 예술을 도덕성으로 환원시킨 이는 플라톤이다. 미적 경험에다 도덕적 경험을 환원시킨 이는 니체와 듀이이며, 아리스토텔레스와 칸트는 도덕성과 미를 연합시킨 인물이다. Ted Cohen, "Why Beauty is a Symbol of Morality," eds. Ted Cohen · PaulGuyer, *Essays in Kant's Aesthetics* (The University of Chicago Press, 1982), 221쪽.

112) Götz Pochat, *Der Symbolbegrff in der Ästhetik und Kunstwissenschaft* Köln: Du Mont, 1983, 15쪽 참조.

113) Paul Guyer, "Pleasure and Society in Kants Theory of Taste," *Essays in Kant's Aesthetics*, 24쪽.

114) R. K. Elliot, "The Unity of Kant's Critique of Aesthetic Judgment," *British Journal of Aesthetics*, 1968.8, 240쪽 참조.

115) T. Aquinas, *Summa Theologica*, I. Q. 5, A 4; II Q. 27, A 1.

116) Ted Cohen and Paul Guyer (ed.), *Essays in Kant's Aesthetics*, University of Chicago Press, 1982, 232쪽.

117) 앞의 책, 233쪽.

118) Platon, *Gorgias*, 503X-504A(Jowett 옮김); M. 레이더/B. 제섭, 앞의 책, 301쪽에서 인용.

119) 이 부분은 김광명, 『칸트판단력비판 연구』, 이론과 실천, 1992, 7장 목적론적 판단력의 비판(129-177쪽)을 줄여 정리한 것임.

120) Raymund Schmidt, *Die Drei Kritiken, in ihrem Zusammenhang mit dem*

Gesamtwerk, Stuttgart: Alfred Kröner, 1975, 318쪽.

121) Harald Karja, *Heuritische Elemente der "Kritik der teleologischen Urteilskraft,"* Heidelberg Univ., Diss., 1975, 56쪽.

122) Friedrich Kaulbach, *Immanuel Kant*, Berlin: Walter de Gruyter, 1982, 280쪽.

123) A. Baeumler, *Das Irrationalitätsproblem in der Ästhetik und Logik des 18 Jahrhunderts bis zur Kritik der Urteilskraft* (Halle, 1923; Darmstadt: Wissenschaftliche Buchgesellschaft, 1967), 18-64쪽 참고.

124) Francis X. J. Co; eman, *The Harmony of Reason: A Study in Kant's Aesthetics* (University of Pittsburgh Press, 1974), 160쪽; W. Röd, *Dialetische Philosophie der Neuzeit I. Von Kant bis Hegel* (München: C. H. Beck, 1974), 27쪽.

125) R. Schmidt, *Die Drei Kritiken* (Stuttgart: Körner, 1969), 282쪽.

| 인명색인 |

| 용어색인 |

[세창명저산책]

세창명저산책은 현대 지성과 사상을 형성한 명저를 우리 지식인들의 손으로 풀어 쓴 해설서입니다.

· 세창명저산책은 계속 이어집니다.